¿Cómo asegurar la expresión oral en clase sin sacrificar el tiempo dedicado a otras destrezas?, ¿cómo procurar que cada estudiante tenga oportunidad de hablar, máxime si se trata de un grupo numeroso?, ¿cómo movilizar a aquellos estudiantes que se cohíben cuando tienen que hablar ante todo el grupo? Esta obra ha sido creada pensando en dar respuesta a estos y otros interrogantes. En ella, el profesor encontrará un compendio de actividades lúdicas de interacción (vacíos de información, juegos de roles, malentendidos, conversaciones formales e informales, discusiones, debates, entrevistas, negociaciones, actividades de planificación conjunta, etc.) que constituirán un valioso apoyo en clase y que podrán ser utilizadas en cada una de las diferentes fases del aprendizaje (introducción, repaso o consolidación), tanto de estructuras gramaticales concretas como del léxico perteneciente a un determinado campo semántico, así como para reforzar la competencia funcional, o para profundizar en el componente sociocultural.

De acuerdo con lo que nos indica el *Marco común de referencia,* en las actividades de interacción se da la práctica simultánea de las diferentes destrezas lingüísticas (receptivas o productivas); al realizarlas, el usuario de la lengua actúa alternadamente como emisor y receptor para construir conjuntamente una conversación, empleando para ello la negociación y la cooperación. Las actividades propuestas están basadas en situaciones comunicativas reales en las que el estudiante podría verse inmerso y requieren el empleo constante de las estrategias de comprensión y expresión.

La totalidad de la obra se desarrolla en tres volúmenes, A, B y C, según los *Niveles de referencia para el español.* Cada nivel consta de 120 actividades interactivas organizadas por temas, lo que facilita su aprovechamiento como material complementario de cualquier manual. En cada una de ellas, se brinda un contexto y se transporta al estudiante a la situación comunicativa concreta, lo que constituye la excusa ideal para iniciar una conversación semicontrolada en clase.

Para optimizar su uso, recomendamos:
– que el léxico, las expresiones funcionales y las estructuras gramaticales que se utilizarán durante la actividad hayan sido introducidas y aclaradas,
– que se procure que los estudiantes no conozcan el material del compañero (por ello, se presentan en fichas fotocopiables que deberá recortar para darle a cada estudiante su mitad correspondiente),
– que solicite que, además de comunicarse oralmente, escriban las respuestas o conclusiones a las que se haya llegado.

Asimismo, a manera de cierre de la actividad, se aconseja realizar una puesta en común en la que se comenten las respuestas o conclusiones del ejercicio.

Cabe mencionar que *[tú y yo]* se ciñe a los parámetros del *Marco común de referencia* y a los de los *Niveles de referencia para el español,* y refleja una versión estándar del español actual de ambos lados del Atlántico, por lo que el usuario puede sentirse seguro del carácter actual y universal de la obra.

Si uno de los grandes retos a los que se enfrenta el profesor de ELE es el de propiciar en clase el ambiente adecuado que incite al estudiante al diálogo –un diálogo semicontrolado y acotado por las pautas que el programa educativo establezca–, puede estar seguro de que esta obra le facilitará enormemente la tarea.

El autor

ÍNDICE DE ACTIVIDADES

2

3

4

GUERRA DE BARCOS

 **A**

Puedes deletrear y decir los números

15 minutos

1. Marca 6 barcos en el tablero (uno de 4 cuadros, dos de 3 y tres de 2 en horizontal o en vertical).

C G H J Q Ñ S V Y Z
1
2
3
4
5
6
7
8
9
10

2. Encuentra aquí los barcos de tu compañero. Si aciertas, dices otro número y otra letra. Si no, habla tu compañero. Tú empiezas.

¡Buena suerte!

FICHA 1

1. LETRAS Y NÚMEROS

GUERRA DE BARCOS

B

Puedes deletrear y decir los números

15 minutos

1. Marca 6 barcos en el tablero (uno de 4 cuadros, dos de 3 y tres de 2 en horizontal o en vertical).

C G H J Q Ñ S V Y Z
1
2
3
4
5
6
7
8
9
10

2. Encuentra aquí los barcos de tu compañero. Si aciertas, dices otro número y otra letra. Si no, habla tu compañero. Empieza tu compañero.

¡Buena suerte!

FICHA 2

MENSAJES CODIFICADOS

B

Puedes descubrir mensajes secretos

20 minutos

1. Ayuda a tu compañero a descifrar sus mensajes. Él te dice números, di tú las letras. Este es el código.

1	2	3	4	5	6	7	8	9	10	11	12	13	14	15
A	E	I	M	P	T	X	É	Y	U	Q	N	J	F	B
16	17	18	19	20	21	22	23	24	25	26	27	28	29	30
C	G	K	Ñ	R	V	Z	Á	Ó	W	S	O	L	H	D

Para ayudarte: ´ = con acento

2. Aquí tienes algunos mensajes codificados. Para descifrarlos, di los números a tu compañero y él te dice las letras. Escribe los mensajes.

a) 15 6 2 26 19 23 14 2 7 28

b) 15 23 16 16 27 15 12 27 9 7 29 14

c) 8 12 2 27 9 23 14 7 19 14 12

d) 7 23 14 21 12 6 5 23 19 14 7 23 27 13 12 8

e) 11 12 9 7 6 21 6 30 8 2 23 8 11 27 13 12 16 ¿ ?

f) 23 8 7 6 24 19 12 19 24 19 12 15 27 8

g) 5 19 5 12 23 14 9 12 8 27 9 19 12

h) 23 14 25 27 14 7 27 24 12 !

3. Con tu compañero, ¿cuál es la conversación completa?

FICHA 2

MENSAJES CODIFICADOS

A

Puedes descubrir mensajes secretos

20 minutos

1. Aquí tienes algunos mensajes codificados. Para descifrarlos, di los números a tu compañero y él te dice las letras. Escribe los mensajes.

a) 29 27 28 10 8 6 1 28 ¿ ?

b) 16 24 4 27 2 28 28 1 4 1 26 ?

c) 30 2 30 24 12 30 2 20 2 26 ¿ ?

d) 16 10 23 12 6 27 26 1 19 27 26 2 2 26 ?

e) 11 10 8 3 30 3 27 4 1 26 29 1 15 28 1 26 ¿ ?

f) 2 26 6 6 2 30 3 1 26 27 6 20 1 15 1 26 ?

g) 30 24 12 30 2 21 3 21 2 26 2 26 ?

h) 4 10 16 29 27 17 10 26 6 27 27 !

2. Ayuda a tu compañero a descifrar sus mensajes. Él te dice números, di tú las letras. Este es el código.

1	2	3	4	5	6	7	8	9	10	11	12	13	14	15
Z	Y	X	W	V	U	T	S	R	Q	P	O	Ñ	N	M
16	17	18	19	20	21	22	23	24	25	26	27	28	29	30
L	K	J	I	H	G	F	E	D	C	B	A	Ú	Í	É

Para ayudarte: ´ = con acento

3. Con tu compañero, ¿cuál es la conversación completa?

SOANTROM Y SARTOL .1

B

SONIDOS Y LETRAS CE Y CU

Puedes decir y escribir las letras ce, cu y zeta

⏳ 10 minutos

1. Escribe en el cuadro correcto las palabras que te dicta tu compañero.

Sonido [k]		Sonido [θ]	
letra C	letra Q	letra C	letra Z

2. Completa las palabras con las letras que faltan.

1) EL SONIDO [k] ¿C o Q?

_ueso   _armen
_uatro   _uinientos
_ompañero _uien
par_ue   tur_o

2) EL SONIDO [θ] ¿C o Z?

ebra   die
bra_o   bu_o
_ien   _ifra
_arago_a   despa_io

3. Dictale ahora las palabras a tu compañero. Él las tiene que clasificar.

---

1. LETRAS Y NÚMEROS

A

SONIDOS Y LETRAS CE Y CU

Puedes decir y escribir las letras ce, cu y zeta

⏳ 10 minutos

1. Completa las palabras con las letras que faltan.

1) EL SONIDO [k] ¿C o Q?

_uando   _uiero
es_uí   _lase
_alle   _uidar
pe_ueño   Tur_uía

2) EL SONIDO [θ] ¿C o Z?

_éntimo   _anahoria
a_ul   _ena
_umo   _apato
_enicero _ine

2. Dictale ahora las palabras a tu compañero. Él las tiene que clasificar.

3. Ahora, escribe en el cuadro correcto las que él te dicta.

Sonido [k]		Sonido [θ]	
letra C	letra Q	letra C	letra Z

1. LETRAS Y NÚMEROS

B

SONIDOS Y LETRAS GE Y JOTA

Puedes decir y escribir las letras ge y jota
10 minutos

1. Escribe en el cuadro correcto las palabras que te dicta tu compañero.

Sonido [g]		Sonido [x]	
letra G	letras GU+e/i	letra G	letra J

2. Completa las palabras con las letras que faltan.

1) EL SONIDO [g] ¿G o GU?

_uantes	a_ua
an_ila	hambur_esa
_orro	_ato
á_ila	_inea

2) EL SONIDO [x] ¿G o J?

_amón	_emelo
traba_o	cole_io
a_encia	indí_ena
_amás	relo_

3. Dictale ahora las palabras a tu compañero. Él las tiene que clasificar.

A

Puedes decir y escribir las letras ge y jota
10 minutos

1. Completa las palabras con las letras que faltan.

1) EL SONIDO [g] ¿G o GU?

bi_ote	distin_ir
_itarra	chirin_ito
_epardo	boli_rafo
_isante	Norue_a

2) EL SONIDO [x] ¿G o J?

_irasol	_avier
_oven	_ente
_uan	_abón
in_eniero	_itano

2. Dictale ahora las palabras a tu compañero. Él las tiene que clasificar.

3. Ahora, escribe en el cuadro correcto las que él te dicta.

Sonido [g]		Sonido [x]	
letra G	letras GU+e/i	letra G	letra J

LOS SONIDOS DE LAS LETRAS ERE Y ELE

A

Puedes decir y escribir las letras ere y ele

 10 minutos

1. Los sonidos [r] y [r̆], y las letras R y RR

a. Díctale las siguientes palabras a tu compañero: *pero, toro, guitarra, perro, caro, carro.*

b. Ahora, escribe en el cuadro correcto las que él te dicta.

Sonido [r]	Sonido [r̆]
letra R	letra RR

2. Los sonidos [r] y [l], y las letras R y L

a. Díctale las siguientes palabras a tu compañero: *palo, pero, solo, teléfono, pasaporte, carne.*

b. Ahora, escribe en el cuadro correcto las que él te dicta.

Sonido [r]	Sonido [l]
letra R	letra L

LOS SONIDOS DE LAS LETRAS ERE Y ELE

B

Puedes decir y escribir las letras ere y ele

 10 minutos

1. Los sonidos [r] y [r̆], y las letras R y RR

a. Escribe en el cuadro correcto las palabras que te dicta tu compañero.

Sonido [r]	Sonido [r̆]
letra R	letra RR

b. Ahora díctale a él las siguientes palabras: *pera, guerra, paro, cigarro, coro, barril.*

2. Los sonidos [r] y [l], y las letras R y L

a. Escribe en el cuadro correcto las palabras que te dicta tu compañero.

Sonido [r]	Sonido [l]
letra R	letra L

b. Ahora díctale a él las siguientes palabras: *pelo, raro, lomo, pera, malo, caro.*

LOS SONIDOS Y LETRAS CHE Y CU, I GRIEGA Y ELLE

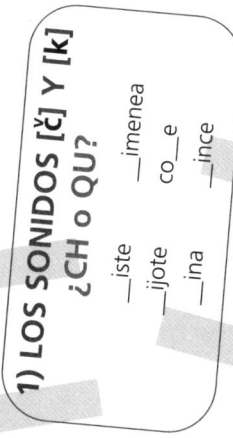
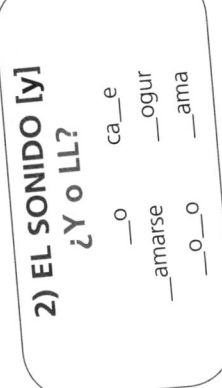

Puedes decir y escribir las letras che, cu, i griega y elle

A 10 minutos

1. Los sonidos [č] y [k]

a. Completa las palabras con las letras que faltan.

1) LOS SONIDOS [č] Y [k]
¿CH o QU?

ma__illaje   __ile
mu__a__o   __elo
__eco   ira__i

b. Dictale ahora las palabras a tu compañero.

c. Ahora, escribe las que él te dicta.

2. El sonido [y]

a. Completa las palabras con las letras que faltan.

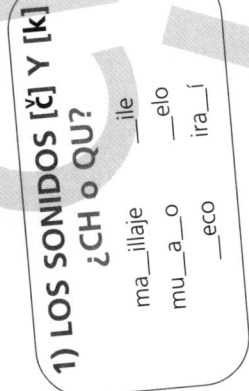

2) EL SONIDO [y]
¿Y o LL?

__uvia   toa__a
bi__ete   __oga
__ate   __emen

b. Dictale ahora las palabras a tu compañero.

c. Ahora, escribe las que él te dicta.

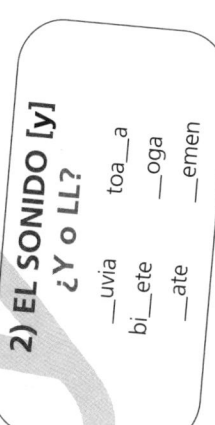

LOS SONIDOS Y LETRAS CHE Y CU, I GRIEGA Y ELLE

B

Puedes decir y escribir las letras che, cu, i griega y elle

10 minutos

1. Los sonidos [č] y [k]

a. Completa las palabras con las letras que faltan.

1) LOS SONIDOS [č] Y [k]
¿CH o QU?

__iste   __imenea
__jote   co__e
__ina   __ince

b. Dictale ahora las palabras a tu compañero.

c. Ahora, escribe las que él te dicta.

2. El sonido [y]

a. Completa las palabras con las letras que faltan.

2) EL SONIDO [y]
¿Y o LL?

ca__e   __o
__ogur
amarse   __ama
__o__o

b. Dictale ahora las palabras a tu compañero.

c. Ahora, escribe las que él te dicta.

FICHA 1

LAS PROFESIONES

A **Puedes decir profesiones y el lugar de trabajo**

⏳ 15 minutos

Imagina la profesión o el lugar de trabajo de las personas que no sabes. Después, pregunta a tu compañero para confirmarlo o para corregirlo. Responde a sus preguntas.

¿Julia es piloto? **Sí / No, Julia no es piloto, es azafata.** *¿Trabaja en un banco?* **Sí / No, no trabaja en un banco, trabaja en un avión.**

Miguel		director	
Ana			hospital
Magda		modelo	
Jorge			instituto
Gustavo		médico	
Eva			periódico
Alejandra		guía	
Raquel y Victoria			oficina
Andrés		científico	
David			tienda
Carolina		ama de casa	
Rebeca y Beatriz			consultorio
Genaro		obrero	
Daniel			jardín
Tomás		escultor	
Pablo y Marta			peluquería
Alberto		taxista	
Paulina			teatro
Eduardo y César		camareros	
Inés y Laura			empresa

FICHA 1

LAS PROFESIONES

Puedes decir profesiones y el lugar de trabajo

15 minutos ⏳

B

Imagina la profesión o el lugar de trabajo de las personas que no sabes. Después, pregunta a tu compañero para confirmarlo o para corregirlo. Responde a sus preguntas.

¿Julia es piloto? **Sí / No, Julia no es piloto, es azafata.** *¿Trabaja en un banco?* **Sí / No, no trabaja en un banco, trabaja en un avión.**

Miguel			empresa
Ana		enfermera	
Magda			pasarela
Jorge		profesor	
Gustavo			clínica
Eva		periodista	
Alejandra			museo
Raquel y Victoria		abogadas	
Andrés			laboratorio
David		dependiente	
Carolina			casa
Rebeca y Beatriz		dentistas	
Genaro			fábrica
Daniel		jardinero	
Tomás			taller
Pablo y Marta		peluqueros	
Alberto			taxi
Paulina		cantante	
Eduardo y César			restaurante
Inés y Laura		ingenieros	

HOMBRES Y MUJERES TRABAJADORES

A Puedes distinguir las profesiones en masculino y en femenino

 5 minutos

1. Aquí tienes algunas profesiones, díctaselas a tu compañero.

el conductor	el ciclista
el estudiante	el músico
el maestro	el modelo
el enfermero	el arquitecto
el pintor	el escritor
el médico	el periodista
el electricista	el doctor
el camarero	el astronauta
el director	el trabajador

2. Ahora, tu compañero te va a dictar unas profesiones en masculino. Escríbelas en femenino en la columna correspondiente.

+ A	O → A	No cambia
la locutora		

HOMBRES Y MUJERES TRABAJADORES

B Puedes distinguir las profesiones en masculino y en femenino

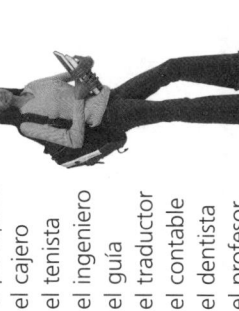 5 minutos

1. Tu compañero te va a dictar unas profesiones en masculino. Escríbelas en femenino en la columna correspondiente.

+ A	O → A	No cambia
la conductora		

2. Aquí tienes otras profesiones, díctaselas a tu compañero.

el locutor	el peluquero
el abogado	el cajero
el cocinero	el tenista
el escultor	el ingeniero
el empleado	el guía
el cantante	el traductor
el policía	el contable
el vendedor	el dentista
el bailarín	el profesor

15

LAS PROFESIONES Y SUS OBJETOS

A

Puedes identificar las profesiones y los objetos de trabajo

10 minutos

1. Escucha a tu compañero y marca las palabras. Después, dile la profesión.

- ☐ la calculadora
- ☐ los planos
- ☐ el casco
- ☐ el ordenador

El arquitecto

- ☐ el coche
- ☐ los clientes
- ☐ la calle
- ☐ el *ticket*

El taxista

- ☐ el casco
- ☐ la pala
- ☐ el fuego
- ☐ el agua

El bombero

- ☐ el termómetro
- ☐ la cama
- ☐ el gorro
- ☐ las medicinas

El médico

2. Ahora, di estas palabras a tu compañero. Él te dice la profesión. Escríbela.

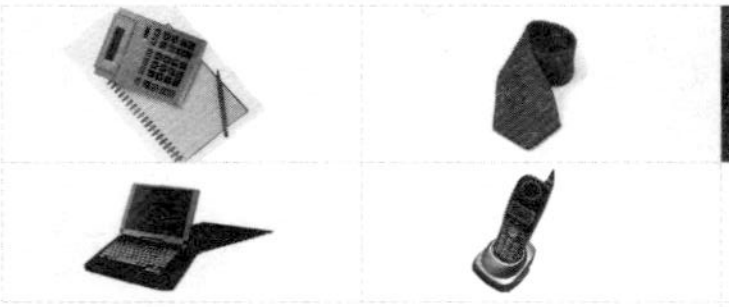

Escribe la profesión...................

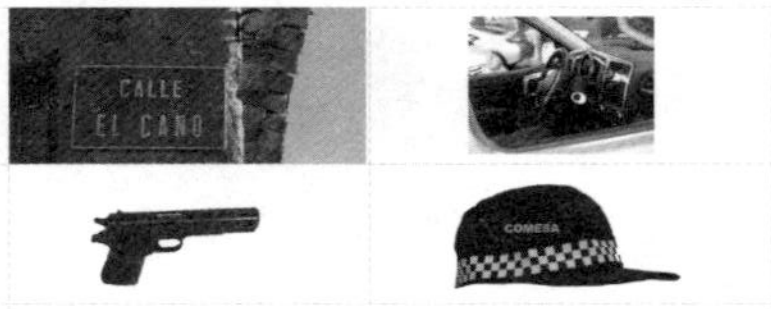

Escribe la profesión...................

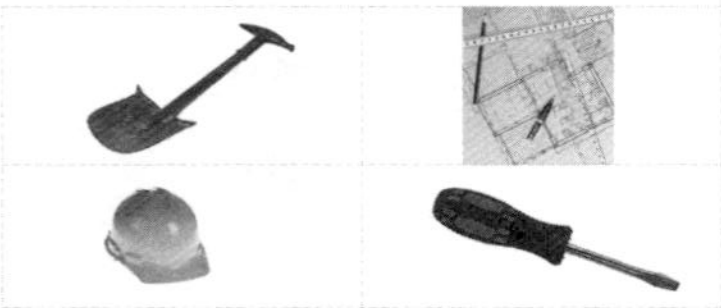

Escribe la profesión...................

Escribe la profesión...................

3. ¿Conoces otros objetos que utilizan estos profesionales?

2. TRABAJO

FICHA 3

LAS PROFESIONES Y SUS OBJETOS

B

Puedes identificar las profesiones y los objetos de trabajo

10 minutos

1. Di estas palabras a tu compañero. Él te dice la profesión. Escríbela.

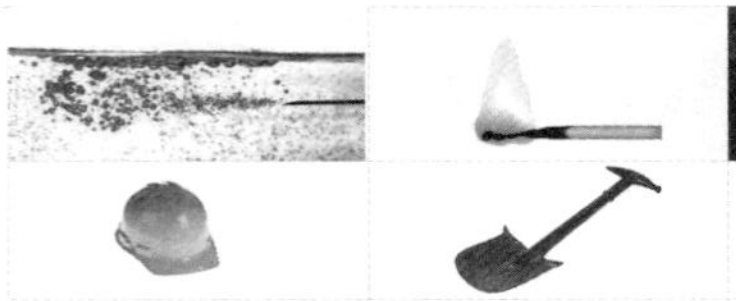

Escribe la profesión...................

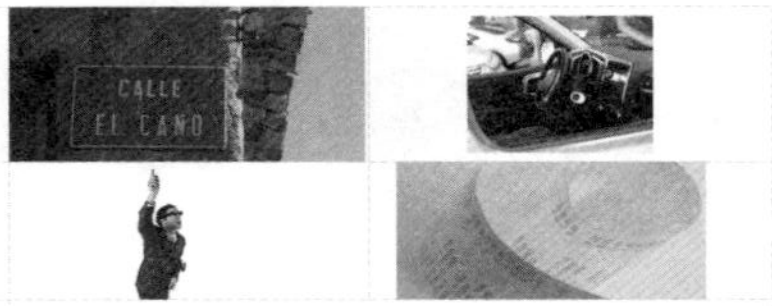

Escribe la profesión...................

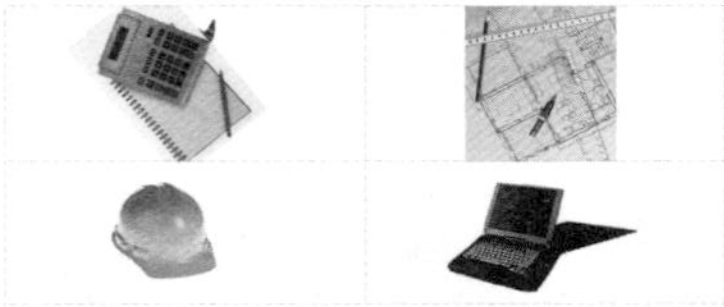

Escribe la profesión...................

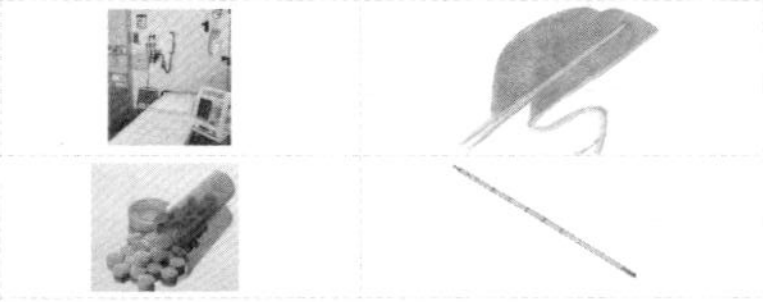

Escribe la profesión...................

2. Ahora, escucha a tu compañero y marca las palabras. Después, dile la profesión.

- ☐ la calculadora
- ☐ el teléfono
- ☐ la corbata
- ☐ el ordenador

El director

- ☐ el termómetro
- ☐ la cama
- ☐ la inyección
- ☐ las medicinas

El enfermero

- ☐ el casco
- ☐ el destornillador
- ☐ la pala
- ☐ los planos

El obrero

- ☐ el coche
- ☐ la pistola
- ☐ la calle
- ☐ el gorro

El policía

3. ¿Conoces otros objetos que utilizan estos profesionales?

2. TRABAJO

CRUCIGRAMA DE PROFESIONES

A

Puedes descubrir el nombre de las profesiones

 20 minutos

1. Describe a tu compañero las profesiones que tienes sin decir el nombre de la profesión.

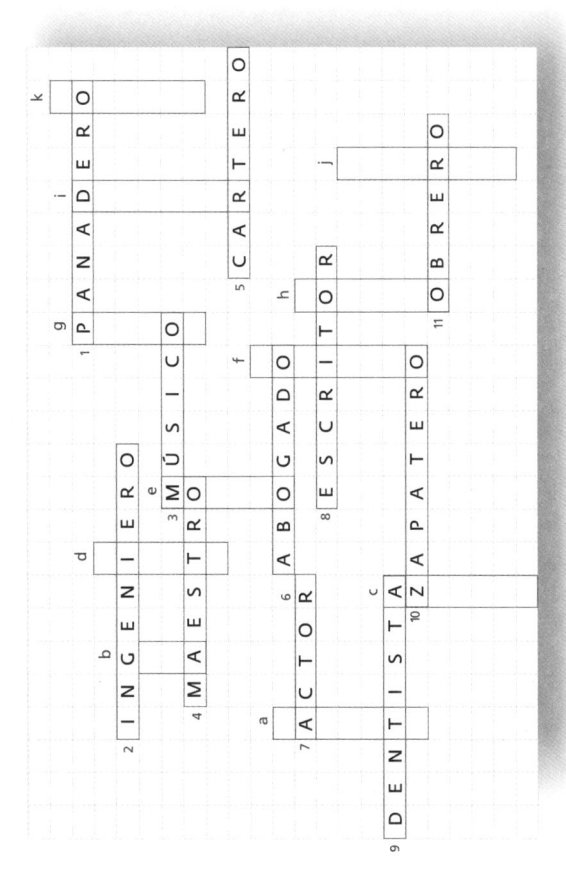

2. Ahora, escucha a tu compañero, adivina las profesiones que te describe y escríbelas en las casillas verticales de tu crucigrama. Al final, compara con él los crucigramas.

---

2. TRABAJO

CRUCIGRAMA DE PROFESIONES

B

Puedes descubrir el nombre de las profesiones
20 minutos

1. Escucha a tu compañero, adivina las profesiones que te describe y escríbelas en las casillas horizontales de tu crucigrama.

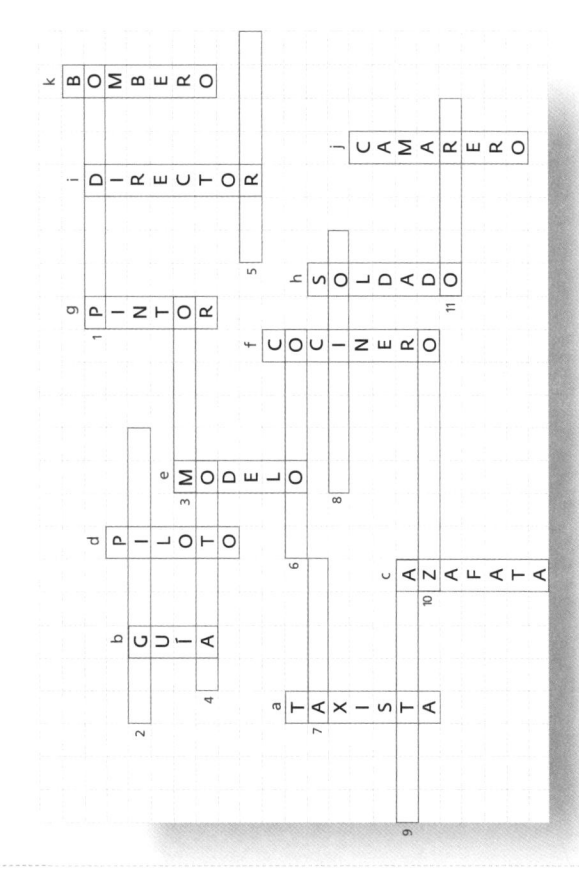

2. Ahora, describe a tu compañero las profesiones que tienes sin decir el nombre de la profesión. Al final, compara con él los crucigramas.

B

ADIVINA LA PROFESIÓN

Puedes describir las profesiones y adivinarlas

20 minutos

1. Tu compañero te va a hacer preguntas para adivinar estas profesiones. Cinco como máximo. Tú solo puedes responder «frío» o «caliente».

2. Hazle preguntas a tu compañero y adivina las profesiones que tiene con el menor número de preguntas posibles. Tu compañero solo puede responder «frío» o «caliente».

Número de preguntas que haces a tu compañero	PROFESIÓN
1	
2	
3	
4	
5	
6	

A

ADIVINA LA PROFESIÓN

Puedes describir las profesiones y adivinarlas

20 minutos

1. Hazle preguntas a tu compañero y adivina las profesiones que tiene. Cinco preguntas como máximo. Tu compañero solo puede responder «frío» o «caliente».

Número de preguntas que haces a tu compañero	PROFESIÓN
1	
2	
3	
4	
5	
6	

2. Ahora, tu compañero te va a hacer preguntas para adivinar estas profesiones. Tú solo puedes responder «frío» o «caliente».

LA MEJOR PROFESIÓN

A

Puedes debatir cuál es la mejor profesión y la peor

15 minutos

1. ¿Hay mejores profesiones que otras? Encuentra la respuesta junto con tu compañero. Fíjate en la lista de profesiones y escribe en cada casilla las tres profesiones que responden mejor a las preguntas.

músico	abogado	ama de casa
modelo	cocinero	mecánico
piloto	ingeniero	soldado
arquitecto	psicólogo	bombero
periodista	guía	policía
secretario	profesor	escritor
enfermero	actor/ actriz	pintor
médico	dentista	jardinero
azafata	obrero	taxista

Se gana más dinero   Se viaja más

....
....
....

Necesitan más preparación   Son más seguras

....
....
....

Tienen más futuro   Tienen buena reputación

....
....
....

2. Explícale cuál es la mejor profesión. Él te va a decir la peor. ¿Estás de acuerdo?

LA PEOR PROFESIÓN

B

Puedes debatir cuál es la mejor profesión y la peor

15 minutos

1. ¿Hay mejores profesiones que otras? Encuentra la respuesta junto con tu compañero. Fíjate en la lista de profesiones y escribe en cada casilla las tres profesiones que responden mejor a las preguntas.

músico	abogado	ama de casa
modelo	cocinero	mecánico
piloto	ingeniero	soldado
arquitecto	psicólogo	bombero
periodista	guía	policía
secretario	profesor	escritor
enfermero	actor/ actriz	pintor
médico	dentista	jardinero
azafata	obrero	taxista

Se gana menos dinero   Son más difíciles

....
....
....

No tienen futuro   Son aburridas

....
....
....

Son peligrosas   No tienen buena reputación

....
....
....

2. Explícale cuál es la peor profesión. Él te va a decir la mejor. ¿Estás de acuerdo?

CONTINENTES, PAÍSES Y NACIONALIDADES

B

Puedes decir e identificar las nacionalidades y los países

10 minutos

1. Escucha a tu compañero, identifica el lugar del que habla y numera los países.

Austríaco → Austria

ÁFRICA	☐ Egipto ☐ Túnez	
AMÉRICA	☐ Brasil ☐ Cuba ☐ Estados Unidos	☐ Puerto Rico ☐ Venezuela
ASIA	☐ Corea ☐ India ☐ Irán ☐ Japón	☐ Líbano ☐ Siria ☐ Turquía
EUROPA	☐ Alemania ☐ Bélgica ☐ Croacia ☐ Escocia ☐ Eslovenia ☐ Finlandia	☐ Grecia ☐ Hungría ☐ Irlanda ☐ Italia ☐ Lituania ☐ Ucrania	☐ Polonia ☐ República Checa ☐ Rusia ☐ Suecia
OCEANÍA	☐ Nueva Zelanda	

2. Di ahora estas palabras a tu compañero.

Holandés, chino, portugués, jordano, uruguayo, serbio, letón, argelino, argentino, austríaco, pakistaní, suizo, australiano, eslovaco, canadiense, estonio, islandés, filipino, ecuatoriano, noruego, marroquí, mexicano, búlgaro, francés, rumano, iraquí, inglés, israelí, danés, taiwanés.

CONTINENTES, PAÍSES Y NACIONALIDADES

A

Puedes decir e identificar las nacionalidades y los países

10 minutos

1. Di estas palabras a tu compañero.

Húngaro, sirio, ruso, puertorriqueño, brasileño, belga, tunecino, indio, esloveno, japonés, escocés, coreano, italiano, iraní, neocelandés, polaco, egipcio, croata, libanés, griego, cubano, alemán, finés, irlandés, ucraniano, estadounidense, lituano, sueco, turco, venezolano, checo.

2. Ahora, escucha a tu compañero, identifica el lugar del que habla y numera los países.

Austríaco → Austria

ÁFRICA	☐ Argelia ☐ Marruecos	
AMÉRICA	☐ Argentina ☐ Canadá ☐ Ecuador	☐ México ☐ Uruguay
ASIA	☐ China ☐ Filipinas ☐ Irak ☐ Israel	☐ Jordania ☐ Pakistán ☐ Taiwán
EUROPA	☐ Austria ☐ Bulgaria ☐ Dinamarca ☐ Eslovaquia ☐ Estonia ☐ Francia	☐ Holanda ☐ Inglaterra ☐ Islandia ☐ Letonia ☐ Noruega	☐ Portugal ☐ Rumanía ☐ Serbia ☐ Suiza
OCEANÍA	☐ Australia	

A

Puedes distinguir las nacionalidades en masculino y en femenino

5 minutos

1. Aquí tienes algunos adjetivos, díctaselos a tu compañero.

filipino
marroquí
mexicano
rumano
iraquí
israelí
danés
letón

argelino
argentino
canadiense
islandés
francés
pakistaní
taiwanés

2. Ahora, tu compañero te va a dictar unos adjetivos en masculino. Escríbelos el femenino en la columna correspondiente.

+ A	O → A	No cambia

B

Puedes distinguir las profesiones en masculino y en femenino

5 minutos

1. Tu compañero te va a dictar unos adjetivos en masculino. Escríbelos en femenino en la columna correspondiente.

+ A	O → A	No cambia

2. Aquí tienes otros adjetivos, díctaselos a tu compañero.

iraní
polaco
egipcio
croata
alemán
finés
irlandés
ucraniano

ucraniano
esloveno
japonés
estadounidense
senegalés
griego
belga

¿DE DÓNDE ES EL CHAMPÁN?

A **Puedes identificar y decir el lugar de origen de productos típicos**

15 minutos

Completa la siguiente tabla con la información que conoces. Después, comprueba con tu compañero y pregúntale lo que no sabes. Responde a sus preguntas.

¿De dónde es el champán? ⟶ *El champán es de Francia, es francés.*

¿De dónde es el champán?	
El hockey	Canadá ⟶ canadiense
El arroz, la pasta, el papel y la pólvora	
El whisky y el golf	Escocia ⟶ escoceses
La pizza	
El mate y el tango	Argentina ⟶ argentinos
El tomate, el chile, el maíz y el tabaco	
La paella y el flamenco	España ⟶ españoles
Los canguros y los koalas	
El café	África ⟶ africano
Las hamburguesas y el rock and roll	
La samba	Brasil ⟶ brasileña
El vodka	
El chocolate y el tequila	México ⟶ mexicanos
El tenis y el fútbol	
El kebab	Irán ⟶ iraní
Las olimpiadas	
Las patatas	Perú ⟶ peruanas
El ron y los puros	
El sushi y el sake	Japón ⟶ japoneses
El yogur	

¿DE DÓNDE ES EL CHAMPÁN?

B **Puedes identificar y decir el lugar de origen de productos típicos**

15 minutos

Completa la siguiente tabla con la información que conoces. Después, comprueba con tu compañero y pregúntale lo que no sabes. Responde a sus preguntas.

¿De dónde es el champán? ⟶ *El champán es de Francia, es francés.*

¿De dónde es el champán?	
El hockey	
El arroz, la pasta, el papel y la pólvora	China ⟶ chinos
El whisky y el golf	
La pizza	Italia ⟶ italiana
El mate y el tango	
El tomate, el chile, el maíz y el tabaco	América ⟶ americanos
La paella y el flamenco	
Los canguros y los koalas	Australia ⟶ australianos
El café	
Las hamburguesas y el rock and roll	Estados Unidos ⟶ estadounidenses
La samba	
El vodka	Rusia ⟶ ruso
El chocolate y el tequila	
El tenis y el fútbol	Inglaterra ⟶ ingleses
El kebab	
Las olimpiadas	Grecia ⟶ griegas
Las patatas	
El ron y los puros	Cuba ⟶ cubanos
El sushi y el sake	
El yogur	Bulgaria ⟶ búlgaro

22

PAÍSES GRANDES Y GRANDES PAÍSES

A

Puedes entender y dar datos de los países

 20 minutos

Completa la siguiente tabla con ayuda de tu compañero.
Ordena los países por número de habitantes y por kilómetros cuadrados y responde a las preguntas.

¿Cuántas personas viven en...? ¿Cuántos kilómetros tiene...?

PAÍS	IDIOMAS	HABITANTES	EXTENSIÓN
Canadá	Inglés y francés	33.877.300	9.984.670 km²
Estados Unidos			
México	Español y náhuatl	110.682.518	1.964.375 km²
Brasil			
Perú	Español y quechua	28.220.764	1.285.216 km²
Guatemala			
Puerto Rico	Español e inglés	3.994.259	9.104 km²
Egipto			
Andorra	Catalán	83.137	468 km²
Bélgica			
Luxemburgo	Luxemburgués, francés y alemán	480.000	2.586 km²
Rusia			
España	Castellano, catalán, gallego y vasco	46.063.511	504.645 km²
Chipre			
La India	Hindi e inglés	1.095.351.995	3.287.590 km²
China			
Marruecos	Árabe y francés	33.240.259	446.550 km²

¿En qué país se hablan más lenguas? ¿En qué país viven más personas? ¿Y menos? ¿Cuál es el país más grande? ¿Y más pequeño?

PAÍSES GRANDES Y GRANDES PAÍSES

B

Puedes entender y dar datos de los países

20 minutos

Completa la siguiente tabla con ayuda de tu compañero.
Ordena los países por número de habitantes y por kilómetros cuadrados y responde a las preguntas.

¿Cuántas personas viven en...? ¿Cuántos kilómetros tiene...?

PAÍS	IDIOMAS	HABITANTES	EXTENSIÓN
Canadá			
Estados Unidos	Inglés y español	306.688.000	9.631.418 km²
México			
Brasil	Portugués	189.888.941	8.514.877 km²
Perú			
Guatemala	Español y maya	12.728.111	108.889 km²
Puerto Rico			
Egipto	Árabe	78.887.000	1.001.450 km²
Andorra			
Bélgica	Neerlandés, francés y alemán	10.396.421	30.510 km²
Luxemburgo			
Rusia	Ruso	143.000.000	17.075.400 km²
España			
Chipre	Griego y turco	784.301	9.250 km²
La India			
China	Chino	1.313.973.713	9.596.960 km²
Marruecos			

¿En qué país se hablan más lenguas? ¿En qué país viven más personas? ¿Y menos? ¿Cuál es el país más grande? ¿Y más pequeño?

Top half (section B, shown upside down):

PAÍSES HISPANOHABLANTES

B

Puedes entender y dar datos de los países hispanos

20 minutos

Completa la siguiente tabla con ayuda de tu compañero. Ordena los países por la fecha de la independencia, por el número de habitantes y por kilómetros cuadrados, y responde a las preguntas.

¿Cuántas personas viven en…? ¿Cuántos kilómetros tiene…?
¿Cuál es día de la independencia de…?

PAÍS	FECHA INDEPENDENCIA	HABITANTES	EXTENSIÓN
Argentina		39.780.400	2.780.400 km²
Bolivia	6 de agosto de 1825		
Chile		16.763.470	755.838 km²
Colombia	20 de julio de 1810		
Costa Rica		4.016.173	51.100 km²
Cuba	20 de mayo de 1902		
Ecuador			256.370 km²
El Salvador	21 de septiembre de 1821		21.041 km²
Guatemala		13.105.448	108.889 km²
Honduras			
México	16 de septiembre de 1810	106.682.512	1.982.375 km²
Nicaragua			
Panamá	28 de noviembre de 1821		78.200 km²
Paraguay	15 de mayo de 1811	6.669.086	406.752 km²
Perú			
República Dominicana	27 de febrero de 1844	9.523.209	48.730 km²
Uruguay			
Venezuela	5 de julio de 1811	28.384.132	

¿Qué países se independizan antes? ¿Cuál es el último? ¿Qué país tiene más habitantes? ¿Y menos? ¿Cuál es el país más grande? ¿Y el más pequeño?

Bottom half (section A):

PAÍSES HISPANOHABLANTES

A

Puedes entender y dar datos de los países hispanos

20 minutos

Completa la siguiente tabla con ayuda de tu compañero. Ordena los países por la fecha de la independencia, por el número de habitantes y por kilómetros cuadrados, y responde a las preguntas.

¿Cuántas personas viven en…? ¿Cuántos kilómetros tiene…?
¿Cuál es día de la independencia de…?

PAÍS	FECHA INDEPENDENCIA	HABITANTES	EXTENSIÓN
Argentina	9 de julio de 1816		
Bolivia		10.027.644	1.098.581 km²
Chile	12 de febrero de 1818		1.141.748 km²
Colombia		44.664.517	
Costa Rica	15 de septiembre de 1821		
Cuba		11.382.820	110.860 km²
Ecuador	10 de agosto de 1809	13.782.329	
El Salvador		5.744.113	
Guatemala	15 de septiembre de 1821		
Honduras	15 de septiembre de 1821	7.326.496	122.702 km²
México			
Nicaragua	15 de septiembre de 1821	5.465.100	129.494 km²
Panamá		3.283.959	
Paraguay			
Perú	28 de julio de 1821	28.220.764	1.285.215 km²
República Dominicana			
Uruguay	25 de agosto de 1825	3.415.920	176.215 km²
Venezuela			916.445 km²

¿Qué países se independizan antes? ¿Cuál es el último? ¿Qué país tiene más habitantes? ¿Y menos? ¿Cuál es el país más grande? ¿Y el más pequeño?

¿QUIÉN O QUÉ ES?

B

Puedes descubrir récords del mundo
20 minutos

1. Responde a las preguntas de tu compañero.

	¿Quién o qué?	¿De dónde o dónde?
Bao Xishun	hombre / alto	China
El Campidolio	museo / antiguo	Italia
El Sac Actun	río subterráneo / largo	México
El Sutra del diamante	libro / antiguo	China
El Niño con Pipa	cuadro / caro	España
El Nilo	río / largo	Egipto
Giovanni Castagna	papa / breve	Italia
Las Torres Petronas	edificio / alto	Malasia
El Vaticano	ciudad / pequeña	Italia
La Çatal Hüyük	ciudad / antigua	Turquía

2. Ahora, pregunta a tu compañero y completa la siguiente tabla.

¿Quién es He Pingping? El hombre más bajo del mundo. **¿Y de dónde es?**
Chino. **Ping es el hombre más bajo del mundo y es chino.**
¿Qué es el Kilavea? Es el volcán más activo del mundo. **¿Y dónde está?**
En Hawaii. **El Kilavea es el volcán más activo el mundo y es hawaiano.**

Frase
El mate
La almeja ming
Pelé
La paella
Isabel II
El Everest
El Amazonas
El Louvre
Jim Avignon
El Titicaca

¿QUIÉN O QUÉ ES?

A

Puedes descubrir récords del mundo
20 minutos

1. Pregunta a tu compañero y completa la siguiente tabla.

¿Quién es He Pingping? El hombre más bajo del mundo. **¿Y de dónde es?**
Chino. **Ping es el hombre más bajo del mundo y es chino.**
¿Qué es el Kilavea? Es el volcán más activo del mundo. **¿Y dónde está?**
En Hawaii. **El Kilavea es el volcán más activo el mundo y es hawaiano.**

Frase
La Çatal Hüyük
El Campidolio
El Sac Actun
El Sutra del diamante
Las Torres Petronas
El Nilo
Giovanni Castagna
El Niño con Pipa
El Vaticano
Bao Xishun

2. Ahora, responde a las preguntas de tu compañero.

	¿Quién o qué?	¿De dónde o dónde?
El Everest	montaña / alta	Nepal
La almeja ming	animal / viejo	Islandia
El Amazonas	río / caudaloso	Brasil
La paella	plato / típico	España
El Louvre	museo / visitado	Francia
El mate	bebida / popular	Argentina
Pelé	bueno / futbolista	Brasil
Isabel II	reina / duradera	Reino Unido
Jim Avignon	pintor / rápido	Alemania
El Titicaca	lago / alto	Bolivia

TEST DE CULTURA HISPÁNICA

A

Puedes conocer aspectos culturales del mundo hispano

 15 minutos

Di a tu compañero los siguientes nombres de personajes o lugares famosos del mundo del español. Si sabe de qué se trata, gana un punto; si no, 0.

¿Sabes qué es el tequila? → *Es una bebida mexicana.*

El Prado Museo español, Madrid	**Octavio Paz** Escritor mexicano	**El mate** Bebida típica argentina y uruguaya
El Tajo Río español	**Acapulco** Puerto mexicano	**El quechua** Una lengua indígena sudamericana
Machu Picchu Ruinas arqueológicas peruanas	**Los tacos** Comida típica mexicana	**Cortázar** Escritor argentino
Ceuta Ciudad española (África)	**Atacama** Desierto chileno	**Montevideo** Capital de Uruguay
El Titicaca Lago peruano-boliviano	**Fernando Botero** Escultor colombiano	**La Ley** Un grupo musical chileno

Total de aciertos de tu compañero: _____ /15

¿Quién sabe más sobre el mundo del español? ¿Tu compañero o tú?

TEST DE CULTURA HISPÁNICA

B

Puedes conocer aspectos culturales del mundo hispano

15 minutos

Di a tu compañero los siguientes nombres de personajes o lugares famosos del mundo del español. Si sabe de qué se trata, gana un punto; si no, 0.

¿Sabes qué es el tequila? → *Es una bebida mexicana.*

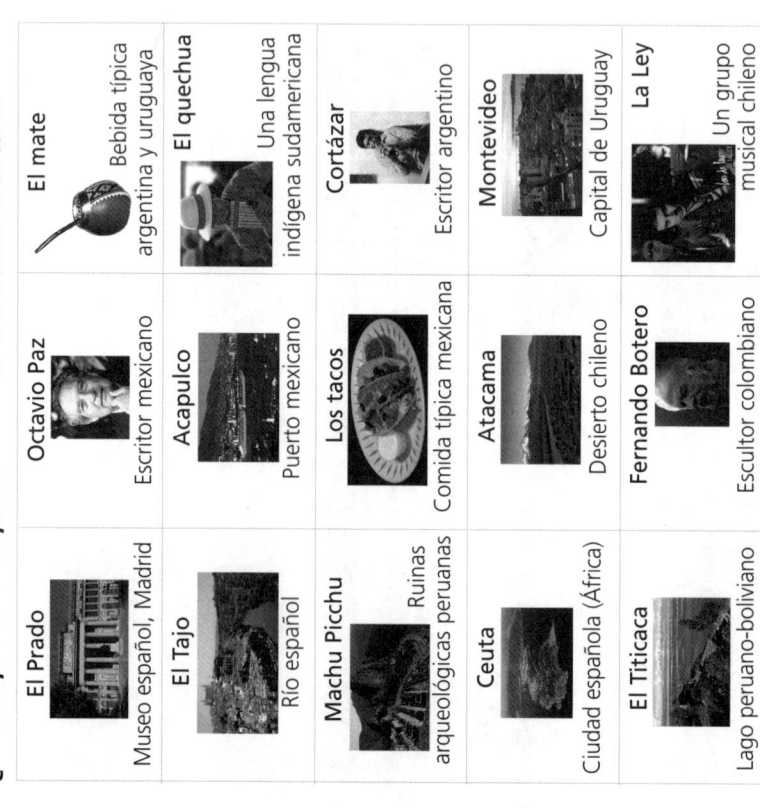

Guernica Ciudad española y un famoso cuadro de Picasso	**La Boca** Barrio de Buenos Aires	**Pablo Neruda** Poeta y Premio Nobel chileno
Las arepas Comida típica venezolana	**Las Galápagos** Islas ecuatorianas	**Maná** Grupo musical mexicano
Las Ramblas Avenida en Barcelona	**El náhuatl** Lengua indígena mexicana	**Tenerife** Isla española
Mario Vargas Llosa Escritor peruano	**El País** Diario español	**El Aconcagua** Montaña argentina
El jerez Tipo de vino español	**Maradona** Futbolista argentino	**La Habana** Capital de Cuba

Total de aciertos de tu compañero: _____ /15

¿Quién sabe más sobre el mundo del español? ¿Tu compañero o tú?

LOS COLORES DE LAS BANDERAS

B

Puedes identificar los colores de las banderas hispanas

🕐 15 minutos

1. Responde a tu compañero y dile los colores que corresponden a cada bandera.

1 azul 2 rojo 3 amarillo 4 verde 5 blanco

¿De qué color es la bandera española? ⟶ *El centro es amarillo y los lados rojos.*

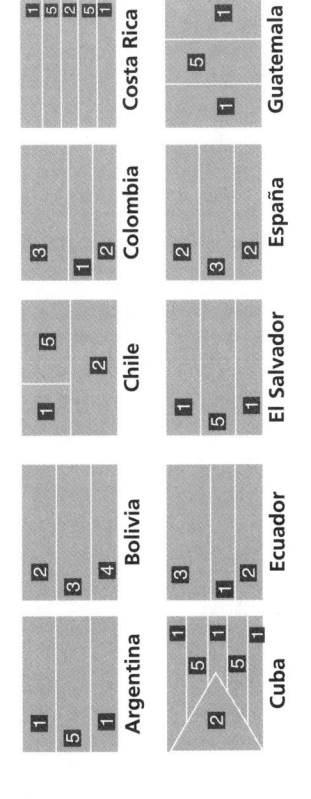

Argentina   Bolivia   Chile   Colombia   Costa Rica

Cuba   Ecuador   El Salvador   España   Guatemala

2. Pregunta a tu compañero los colores de cada bandera y coloréalas.

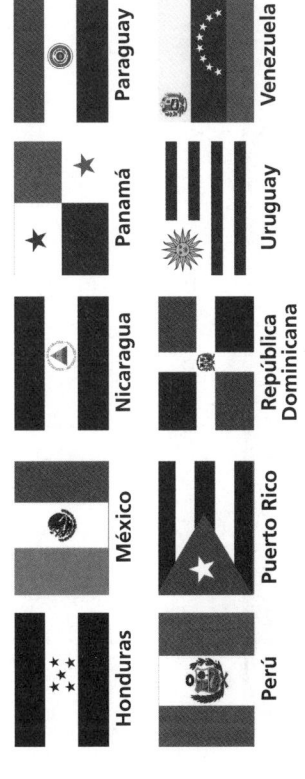

Honduras   México   Nicaragua   Panamá   Paraguay

Perú   Puerto Rico   República Dominicana   Uruguay   Venezuela

---

LOS COLORES DE LAS BANDERAS

A

Puedes identificar los colores de las banderas hispanas

🕐 15 minutos

1. Pregunta a tu compañero los colores que corresponden a cada bandera y coloréalas.

1 azul 2 rojo 3 amarillo 4 verde 5 blanco

¿De qué color es la bandera española? ⟶ *El centro es amarillo y los lados rojos.*

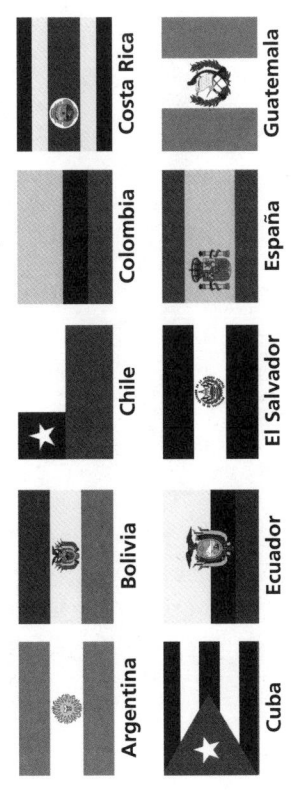

Argentina   Bolivia   Chile   Colombia   Costa Rica

Cuba   Ecuador   El Salvador   España   Guatemala

2. Responde ahora a tu compañero y dile los colores.

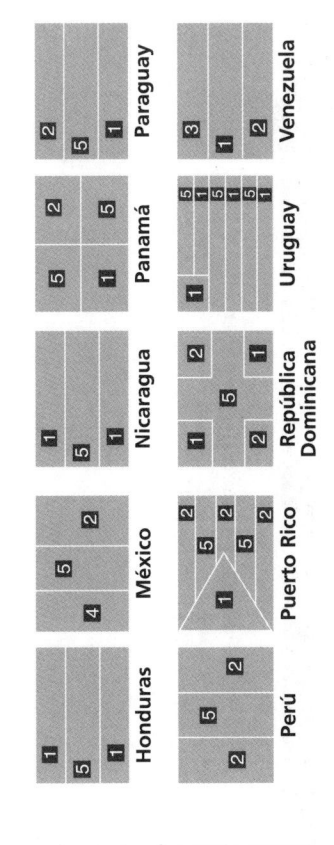

Honduras   México   Nicaragua   Panamá   Paraguay

Perú   Puerto Rico   República Dominicana   Uruguay   Venezuela

PREGUNTAS INDISCRETAS

B

Puedes conocer a tu compañero
15 minutos

1. Responde a las preguntas de tu compañero.

2. Escribe las preguntas y házselas a tu compañero.
Escribe sus respuestas.

Edad → *¿Cuántos años tienes?* → *Tengo 19 años.*
→ ***Tiene 19 años.***

Preguntas	Respuestas de tu compañero
1 Nombre	
2 Apellido(s)	
3 Estado civil	
4 Hijos	
5 Ciudad	
6 Correo electrónico	
7 Teléfono	
8 Estado de ánimo	
9 Día de la semana favorito	
10 Comida favorita	
11 Otros	

PREGUNTAS INDISCRETAS

A

Puedes conocer a tu compañero
15 minutos

1. Escribe las preguntas y házselas a tu compañero.
Escribe sus respuestas.

Edad → *¿Cuántos años tienes?* → *Tengo 19 años.*
→ ***Tiene 19 años.***

Preguntas	Respuestas de tu compañero
1 Nombre	
2 Apellido(s)	
3 Nacionalidad	
4 Profesión	
5 Lugar de trabajo o estudio	
6 Dirección	
7 Teléfono	
8 Idiomas	
9 Cumpleaños	
10 Color favorito	
11 Otros	

2. Ahora, responde a sus preguntas.

HACIENDO AMIGOS

B

Puedes preguntar y dar información sobre personas

20 minutos

Pregunta la información que no sabes a tu compañero y completa la siguiente tabla.

NOMBRE	ORIGEN	EDAD	OCUPACIÓN	CIUDAD	IDIOMAS	AFICIONES
Christian	Sueco		Médico		Sueco Inglés Noruego	
Irina		23		Moscú		La música clásica y el cine
Kitaro y Akiko	Japoneses		Abogado Enfermera		Japonés Inglés	
Alexandra		27		Berna		Esquiar y dormir mucho
Johannes	Austriaco		Músico (violinista)		Alemán Francés	
Joao		25		Río de Janeiro		Fútbol, bailar, salir con amigos
Jean y Francoise	Canadienses		Estudiantes		Inglés Francés	
Tu compañero						

HACIENDO AMIGOS

A

Puedes preguntar y dar información sobre personas

20 minutos

Pregunta la información que no sabes a tu compañero y completa la siguiente tabla.

NOMBRE	ORIGEN	EDAD	OCUPACIÓN	CIUDAD	IDIOMAS	AFICIONES
Christian		68		Estocolmo		Los barcos, el ajedrez
Irina	Rusa		Psicóloga		Ruso Ucraniano	
Kitaro y Akiko		34 28		Tokio		Cine español y la comida tailandesa
Alexandra	Suiza		Traductora		Francés Italiano Alemán Inglés	
Johannes		37		Viena		Nadar y montar en bicicleta
Joao	Brasileño		Cocinero		Portugués Español	
Jean y Francoise		20 18		Montreal		Informática y la comida china
Tu compañero						

TARJETAS DE PRESENTACIÓN

B

Puedes entender tarjetas de visita
20 minutos

1. Escribe los datos de las personas que presenta tu compañero.

1	2
3	4

2. Presenta ahora a las siguientes personas a tu compañero.

5	6

Rosa Pavodna
Azafata

c/ del Conde, 16   245 347 950
Bucarest   rosa@mail.ro

7	8

EL BUEN PALADAR

Emilie Sodore
Cocinera

Campos Elíseos, 18-París   873 926 056
                     milie@mail.fr

SERRÍN S.A.

Telmo Galbi
Carpintero

Mahatma Gandhi, 10-Nueva Delhi   telmo@mail.in
546 852 317

BARBAS Y BIGOTES

Ibrahim Ibn Salazan
Peluquero

Faraón, 14-El Cairo   216 742 798
dani@mail.eg

TARJETAS DE PRESENTACIÓN

A

Puedes entender tarjetas de visita
20 minutos

1. Presenta a las siguientes personas a tu compañero.

1	2

DISEÑO S.A.

Daniel Mendoza Gil
Arquitecto

c/ De la Amistad, 5-Madrid   667 854 699
dani@mail.es

LABS S.A.

Manuel Sánchez Peña
Químico

Independencia, 13   746 932 515
Cd. de México   dani@mail.es

3	4

Eva Müller
Traductora de alemán, inglés y chino

Guttenberg, 19-Berlín   móvil 321 456 987
eva@mail.de

Susanne Brawn
Profesora de inglés y ruso

La rosa, 17-Dublín   móvil 846 672 127
susie@mail.ir

2. Escribe ahora los datos de las personas que presenta tu compañero.

5	6
7	8

UN *BLOG DE AMIGOS*

B

Puedes completar los datos de amigos

20 minutos

Pregunta a tu compañero y completa la información que no sabes.

1 JUAN   SANZ
Español   años   casado
Español y un poco de
Pasear con su perro, el pop
5 – Barcelona   @yahoo.es

2   SCHNEIDER
Austriaca   19 años   y un poco de
Novelas románticas, escribir
Motzar, 3 - Grantz   aschnei19@mail.os

3 ELIZABETH MAYOR
22 años   soltera
Inglés, un poco de
Pza ,   17 - Londes   672.127.846
bethymay@mail.com

4 SERGIO MARÍN
31 años   casado
Español, francés y un poco de alemán
coleccionar sellos
13,   932.746. 155

5 ISABELLE LOMBART
Francesa   45 años   divorciada
Francés
La música salsa, la comida mexicana
Goya, 18 - Burdeos   926. 870.563
ilombart@mail.fr

6 DANKA LUETIC
Croata   25 años   soltera
Croata, inglés, checo
El alpinismo, los deportes extremos
Dubrovnick, 16 - Zagreb   950.34. 245
ankalue@yahoo.hr

7 ALI MENASEN
Marroquí   37 años   separado
Árabe y francés
Leer, el buceo
Hassan VI, 14 - Marrakesh   789.654.323
menasena@yahoo.com

8 BOMI BULSARA
indio   24 años   soltero
Hindi; inglés y un poco de árabe
La astronomía, el horóscopo
Mahatma Gandhi, 10- Nueva Delhi   546.852.317
bbulsara@mail.in

UN *BLOG DE AMIGOS*

A

Puedes completar los datos de amigos

20 minutos

Pregunta a tu compañero y completa la información que no sabes.

1 JUAN VELASCO SANZ
Español   28 años   casado
Español y un poco de portugués
Pasear con su perro, el pop
Balmes, 5 – Barcelona   605.809.699
jvelascos@yahoo.es

2 ANDREA SCHNEIDER
Austriaca   19 años   soltera
Alemán, inglés y un poco de chino
Novelas románticas, escribir cartas
Mozart, 3 - Grantz   988.345.002
aschnei19@mail.os

3 ELIZABETH MAYOR
Británica   22 años   soltera
Inglés, un poco de ruso
Bailar, los animales
Pza Trafalgar, 17 - Londres   672.127.846
bethymay@mail.com

4 SERGIO MARÍN SÁNCHEZ
Guatemalteco   31 años   casado
Español, francés y un poco de alemán
El fútbol, coleccionar sellos
Independencia # 13, Antigua   932.746. 155
marsanch@mail.gu.com

5 ISABELLE
Francesa   45 años   soltera
Francés
Goya, 18 - Burdeos   950.34. 245
ilombart@mail.fr

6 DANKA LUETIC
25 años   soltera
Croata, inglés, checo
El alpinismo, los deportes extremos
Dubrovnick, 16 -

8 BOMI
indio   soltero
Hindi; inglés y un poco de
La astronomía, el horóscopo
10- Nueva Delhi
bbulsara@mail.in

7
Marroquí   37 años   separado

Hassan VI, 14 - Marrakesh   789.654.323
menasena@yahoo.com

4. DATOS
PERSONALES

PRESENTACIONES FORMALES E INFORMALES

B

Puedes saludar y presentarte en distintas situaciones

 10 minutos

Observa estas situaciones y crea los diálogos para cada una con tu compañero. No olvides utilizar la forma correcta: formal o informal.

SITUACIÓN 1: EN LA ESCUELA

Tú eres el alumno y tu compañero, el profesor. Preséntate.

☐ Saludo (informal)
☐ Nombre y apellido
☐ Nacionalidad
☐ Idiomas que hablas
☐ Expresa tu gusto
  por conocerlo

SITUACIÓN 2: EN EL TRABAJO

Tú compañero es un nuevo empleado y tú, el jefe. Preséntate.

☐ Saludo (formal, a las 9:00)
☐ Nombre y apellido
☐ Profesión
☐ Puesto
☐ Expresa tu gusto
  por conocerlo

SITUACIÓN 3: EN UN AVIÓN

Tu compañero y tú estáis sentados juntos. Preséntate.

☐ Saludo (formal, a las 14:00)
☐ Nombre y apellido
☐ Profesión
☐ Puesto / empresa
☐ Nacionalidad
☐ Expresa tu gusto
  por conocerlo

SITUACIÓN 4: EN LA PLAYA

Estás de vacaciones y conoces a tu compañero en la playa. Preséntate.

☐ Saludo (informal)
☐ Nombre
☐ Nacionalidad
☐ Idiomas que hablas
☐ Gustos
☐ Expresa tu gusto
  por conocerlo

---

4. DATOS
PERSONALES

PRESENTACIONES FORMALES E INFORMALES

A

Puedes saludar y presentarte en distintas situaciones

 10 minutos

Observa estas situaciones y crea los diálogos para cada una con tu compañero. No olvides utilizar la forma correcta: formal o informal.

SITUACIÓN 1: EN LA ESCUELA

Tú eres el profesor y tu compañero, el alumno. Preséntate.

☐ Saludo (informal)
☐ Nombre y apellido
☐ Nacionalidad
☐ Idiomas que hablas
☐ Expresa tu gusto
  por conocerlo

SITUACIÓN 2: EN EL TRABAJO

Tú eres un nuevo empleado y tu compañero, tu jefe. Preséntate.

☐ Saludo (formal, a las 9:00)
☐ Nombre y apellido
☐ Profesión
☐ Puesto
☐ Expresa tu gusto
  por conocerlo

SITUACIÓN 3: EN UN AVIÓN

Tu compañero y tú estáis sentados juntos. Preséntate.

☐ Saludo (formal, a las 14:00)
☐ Nombre y apellido
☐ Profesión
☐ Puesto / empresa
☐ Nacionalidad
☐ Expresa tu gusto
  por conocerlo

SITUACIÓN 4: EN LA PLAYA

Estás de vacaciones y conoces a tu compañero en la playa. Preséntate.

☐ Saludo (informal)
☐ Nombre
☐ Nacionalidad
☐ Idiomas que hablas
☐ Gustos
☐ Expresa tu gusto
  por conocerlo

ROMPIENDO EL HIELO

B

Puedes hacer una entrevista a tu compañero y rellenar un formulario

10 minutos

Entrevista a tu compañero, completa el formulario y encuentra cinco puntos que tienes en común con tu compañero. Puedes añadir más preguntas.

Nombre... Profesión.................

Apellidos...

Calle... Número........ Ciudad.........

Código Postal................ Teléfono................ email................

Aficiones	
¿Qué no le gusta nada?	
Cualidades negativas	
Tipo de música o cantante favorito	
El viaje dorado	
Otros	

¿Qué 5 puntos tenéis en común?

ROMPIENDO EL HIELO

A

Puedes hacer una entrevista a tu compañero y rellenar un formulario

10 minutos

Entrevista a tu compañero, completa el formulario y encuentra cinco puntos que tienes en común con tu compañero. Puedes añadir más preguntas.

Nombre... Profesión.................

Apellidos...

Calle... Número........ Ciudad.........

Código Postal................ Teléfono................ email................

Idiomas	
¿Qué le gusta?	
Cualidades positivas	
Tipo de comida o plato favorito	
El sueño dorado	
Otros	

¿Qué 5 puntos tenéis en común?

HOMBRES Y MUJERES

B

Puedes dar datos personales en masculino y en femenino

15 minutos

1. Tu compañero te dicta frases y tú tienes que cambiarlas a su forma femenina.

Mi profesor es chileno. ⟶ ***Mi profesora es chilena.***

1. ....
2. ....
3. ....
4. ....
5. ....
6. ....
7. ....
8. ....
9. ....
10. ....
11. ....
12. ....

2. Díctale ahora a tu compañero estas frases, él te dice la forma femenina.

El cocinero es francés. ⟶ *La cocinera es francesa.*

1. El cocinero es francés.
2. El profesor es simpático.
3. El camarero es extranjero.
4. Somos brasileños, de Río.
5. Él no es arquitecto.
6. Emilio no es ingeniero.
7. Él no habla inglés.
8. El pintor es australiano.
9. El empleado es trabajador.
10. El guitarrista es famoso.
11. ¿Sois argentinos o uruguayos?
12. Él es médico.

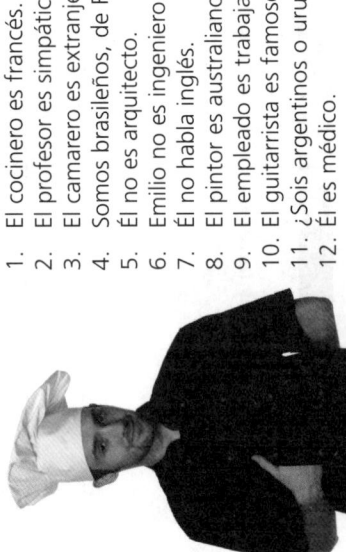

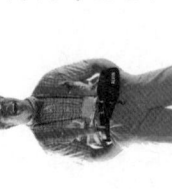

34

HOMBRES Y MUJERES

A

Puedes dar datos personales en masculino y en femenino

15 minutos

1. Díctale a tu compañero estas frases, él te dice la forma femenina.

Él no es alemán. ⟶ *Ella no es alemana.*

1. Él no es alemán.
2. ¿Usted es abogado?
3. Él no es estudiante.
4. Mario no es belga.
5. El periodista es simpático.
6. Los doctores son jóvenes.
7. El abogado es inteligente.
8. ¿El cocinero es bueno?
9. Los políticos son famosos.
10. ¿Vosotros sois peluqueros?
11. Nosotros somos cantantes.
12. No soy escritor.

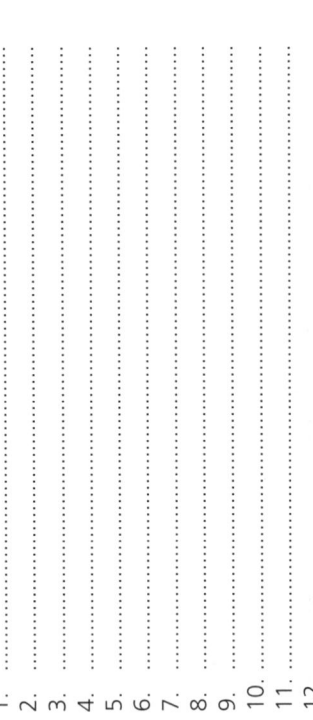

2. Ahora, tu compañero te dicta frases y tú tienes que cambiarlas a su forma femenina.

Mi profesor es chileno. ⟶ ***Mi profesora es chilena.***

1. ....
2. ....
3. ....
4. ....
5. ....
6. ....
7. ....
8. ....
9. ....
10. ....
11. ....
12. ....

UNO Y MUCHOS

B

Puedes nombrar personas y cosas en singular y en plural

10 minutos

1. Escucha a tu compañero y escribe las palabras en plural en la columna correcta.

examen ⟶ *exámenes*

+ S	+ ES	Z - CES	No cambia

2. Dicta ahora a tu compañero estas palabras.

Bolígrafo	Escuela	Mesa	Profesor
Cuaderno	Goma	Pared	Regla
Papelera	Lápiz	Rotulador	Silla
Cartel	Libro	Estuche	Sacapuntas

UNO Y MUCHOS

A

Puedes nombrar personas y cosas en singular y en plural

10 minutos

1. Dicta a tu compañero estas palabras.

Agenda	Diccionario	Página	Pizarra
Alumno	Papel	Ordenador	Pupitre
Aprendiz	Gafas	Carpeta	Reloj
Borrador	Mapa	Mochila	Tijeras

2. Ahora, escucha a tu compañero y escribe las palabras en plural en la columna correcta.

examen ⟶ *exámenes*

+ S	+ ES	Z - CES	No cambia

UNO, DOS, TRES...

A

Puedes describir personas y cosas en singular y en plural

15 minutos

1. Dictale a tu compañero estas frases, él te dice la forma plural.

El profesor es exigente. ⟶ *Los profesores son exigentes.*

1. El profesor es exigente.
2. La clase es pequeña.
3. Mi compañero es simpático.
4. Él no es danés.
5. El lápiz es nuevo.
6. Yo no soy escritor.
7. Él es dentista.
8. El reloj es moderno.
9. La mochila no es nueva.
10. La chica es bonita.
11. ¿Tú eres feliz?
12. La pregunta es difícil.

2. Ahora tu compañero te dicta frases y tú tienes que cambiarlas a su forma plural.

El teléfono es moderno. ⟶ *Los teléfonos son modernos.*

1. ....
2. ....
3. ....
4. ....
5. ....
6. ....
7. ....
8. ....
9. ....
10. ....
11. ....
12. ....

UNO, DOS, TRES...

B

Puedes describir personas y cosas en singular y en plural

15 minutos

1. Tu compañero te dicta frases y tú tienes que cambiarlas a su forma plural.

El profesor es exigente. ⟶ *Los profesores son exigentes.*

1. ....
2. ....
3. ....
4. ....
5. ....
6. ....
7. ....
8. ....
9. ....
10. ....
11. ....
12. ....

2. Díctale ahora a tu compañero estas frases, él te dice la forma plural.

El teléfono es moderno. ⟶ *Los teléfonos son modernos.*

1. El teléfono es moderno.
2. Ella no es canadiense.
3. El bolígrafo es de Miguel.
4. Nuestro profesor es escocés.
5. Este reloj no es nuevo.
6. El juez es serio.
7. ¿Hablas inglés?
8. ¿Eres marroquí?
9. Este ejercicio es fácil.
10. ¿Cómo te llamas?
11. El traductor es inteligente.
12. La pizarra es grande.

B

CONCURSO DE VELOCIDAD

Puedes describir los objetos por el color

5 minutos

En tres minutos escribe todos los objetos que tienen estos colores.

AZUL	ROJO
VERDE	AMARILLO
NARANJA	NEGRO
MARRÓN	BLANCO
GRIS	MORADO

Compara tu lista con la de tu compañero.
¿Quién tiene más palabras? Ese es el ganador.

A

CONCURSO DE VELOCIDAD

Puedes describir objetos por el color

5 minutos

En tres minutos escribe todos los objetos que tienen estos colores.

AZUL	ROJO
VERDE	AMARILLO
NARANJA	NEGRO
MARRÓN	BLANCO
GRIS	MORADO

Compara tu lista con la de tu compañero.
¿Quién tiene más palabras? Ese es el ganador.

DESCRIPCIONES

B

Puedes describir personas, animales y objetos

10 minutos

1. Escucha a tu compañero y escribe los adjetivos en todas las imágenes posibles cambiando antes el género y número.

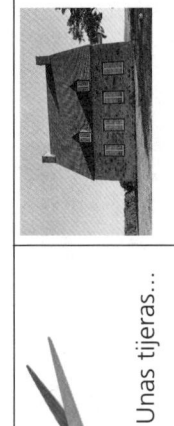
Una casa...

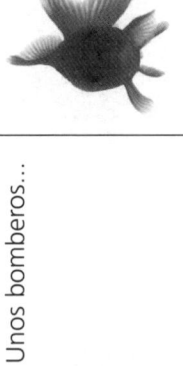
Un pez...

Unas tijeras...

Unos bomberos...

2. Ahora, dicta a tu compañero la siguiente lista de adjetivos.

Azul, viejo, pequeño, verde, simpático, feliz, bonito, blanco, nuevo, caro

---

DESCRIPCIONES

A

Puedes describir personas, animales y objetos

10 minutos

1. Dicta a tu compañero la siguiente lista de adjetivos.

Moderno, grande, negro, cansado, rojo, amigable, japonés, gris, feo, amarillo.

2. Escucha a tu compañero y escribe los adjetivos en todas las imágenes posibles cambiando antes el género y número.

Un pájaro...

Unas bicicletas...

Una chica...

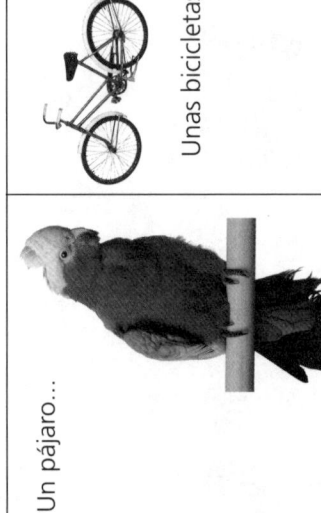
Unos teléfonos...

ENCUENTRA LAS DIFERENCIAS

B

Puedes descubrir las diferencias entre imágenes parecidas

20 minutos

Observa cada dibujo. Tu compañero tiene unos muy parecidos, pero diferentes. Por turnos, habla con él para encontrar las diferencias.

El número 1 es un cuaderno abierto. → ***El mío está cerrado.***

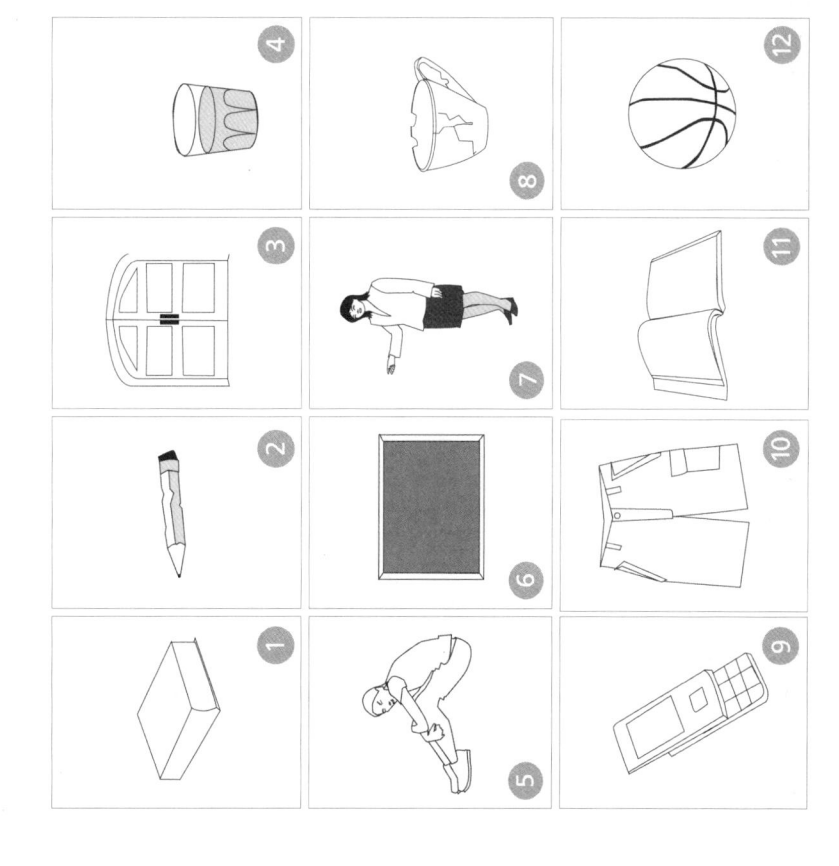

ENCUENTRA LAS DIFERENCIAS

A

Puedes descubrir las diferencias entre imágenes parecidas

20 minutos

Observa cada dibujo. Tu compañero tiene unos muy parecidos, pero diferentes. Por turnos, habla con él para encontrar las diferencias.

El número 1 es un cuaderno abierto. → ***El mío está cerrado.***

OBJETOS DE USO COTIDIANO

A

Puedes mencionar objetos y decir para qué se usan

10 minutos

Completa la siguiente tabla con los nombres de los objetos. Los que no sabes, pregúntaselos a tu compañero. Responde a sus preguntas.

¿Cómo se llama eso que sirve para escribir? → *El lápiz.*

¿QUÉ ES?	¿CÓMO SE LLAMA?	¿PARA QUÉ SIRVE?
	Las tijeras	Cortar papel
		Borrar la pizarra
	El monedero	Guardar dinero
		Llevar libros
	La agenda	Escribir direcciones y nombres
		Ver bien
	El reloj	Saber la hora
		Llevar lápices
	El sacapuntas	Sacar punta a los lápices
		Borrar

OBJETOS DE USO COTIDIANO

B

Puedes mencionar objetos y decir para qué se usan

10 minutos

Completa la siguiente tabla con los nombres de los objetos. Los que no sabes, pregúntaselos a tu compañero. Responde a sus preguntas.

¿Cómo se llama eso que sirve para escribir? → *El lápiz.*

¿QUÉ ES?	¿CÓMO SE LLAMA?	¿PARA QUÉ SIRVE?
		Cortar papel
	El borrador	Borrar la pizarra
		Guardar dinero
	La mochila	Llevar libros
		Escribir direcciones y nombres
	Las gafas	Ver bien
		Saber la hora
	El estuche	Llevar lápices
		Sacar punta a los lápices
	La goma	Borrar

¿DE QUIÉN ES QUÉ?

B

Puedes indicar de quién es algo

⏳ 10 minutos

Pregunta a tu compañero y marca el propietario. Responde a sus preguntas.

¿De quién es la mochila? → ***Es suya (de Ana y de Juan).***

El lápiz rojo	El libro de gramática
El boli negro	El boli rojo
La regla	El estuche
La pelota	El borrador
El móvil	La pluma
La goma	Las gafas
La calculadora	Las llaves
El sacapuntas	La agenda
El lápiz azul	La mochila
El cuaderno	Las tijeras

Yo — Tú — Él — Nosotros — Vosotros — Ana y Juan

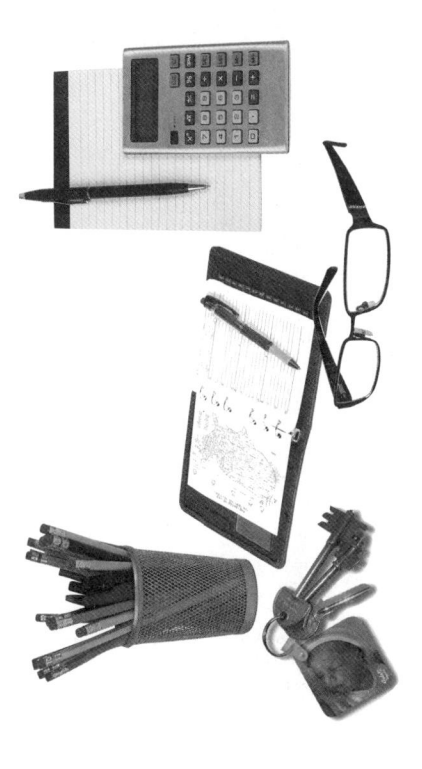

¿DE QUIÉN ES QUÉ?

A

Puedes indicar de quién es algo

⏳ 10 minutos

Pregunta a tu compañero y marca el propietario. Responde a sus preguntas.

¿De quién es la mochila? → ***Es suya (de Ana y de Juan).***

El lápiz rojo	El libro de gramática
El boli negro	El boli rojo
La regla	El estuche
La pelota	El borrador
El móvil	La pluma
La goma	Las gafas
La calculadora	Las llaves
El sacapuntas	La agenda
El lápiz azul	La mochila
El cuaderno	Las tijeras

Yo — Tú — Él — Nosotros — Vosotros — Ana y Juan

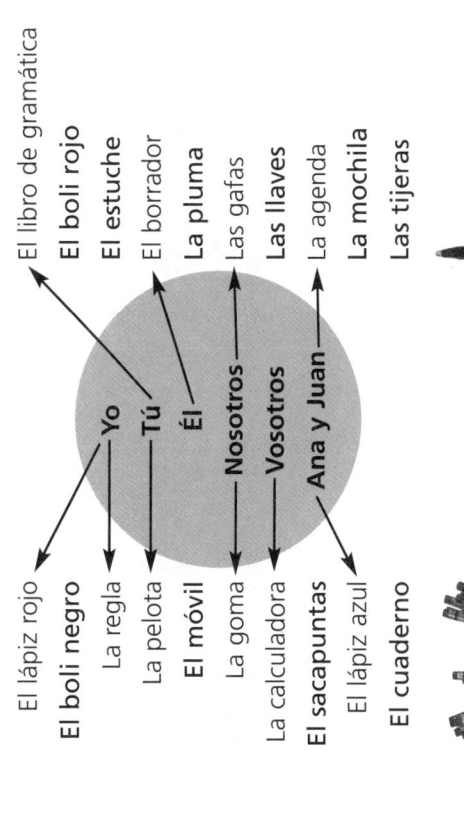

¿CUÁL PREFIERES?

B

Puedes señalar objetos
10 minutos

1. Responde a las preguntas de tu compañero.
¿Quieres estas naranjas o aquellas? ⟶ *Prefiero aquellas.*

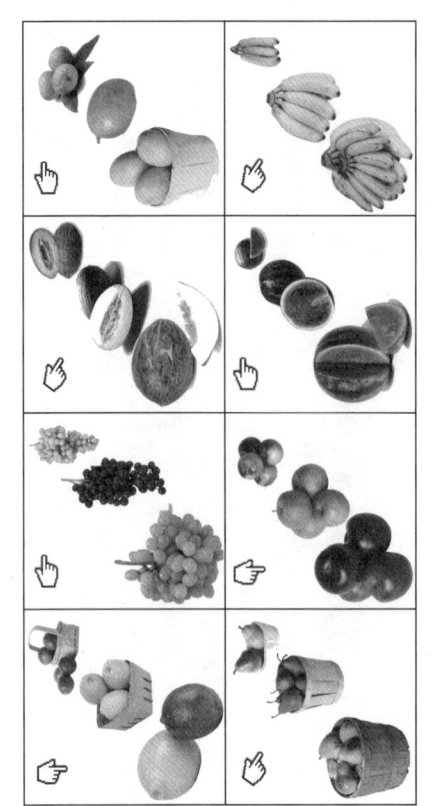

2. Ahora, pregunta tú a tu compañero y escribe las respuestas aquí.

	RESPUESTA
1. ¿Compras esos zapatos o aquellos?	
2. ¿Te llevas estos pantalones o aquellos?	
3. ¿Cuál quieres, esta camisa o aquella?	
4. ¿Cuál te gusta más, este cinturón o aquél?	
5. ¿Te llevas estos calcetines o esos?	
6. ¿Te gustan más estas bufandas o esas?	
7. ¿Te gusta más este sombrero o ese?	
8. ¿Te compras estas sandalias o aquellas?	

Leyenda: este · ese · aquel

¿CUÁL PREFIERES?

A

Puedes señalar objetos
10 minutos

1. Pregunta a tu compañero y escribe sus preferencias en la tabla.
¿Quieres estas naranjas o aquellos? ⟶ *Prefiero aquellas.*

	RESPUESTA
1. ¿Quieres estas manzanas o aquellas?	
2. ¿Prefieres estos mangos o aquellos?	
3. ¿Te llevas estos plátanos o esos?	
4. ¿Te gusta esta sandía o aquella?	
5. ¿Quieres este melón o ese?	
6. ¿Compras estos limones o aquellos?	
7. ¿Qué uvas te gustan más, esas o aquellas?	
8. ¿Te llevas estas peras o esas?	

2. Ahora, responde tú a las preguntas de tu compañero.

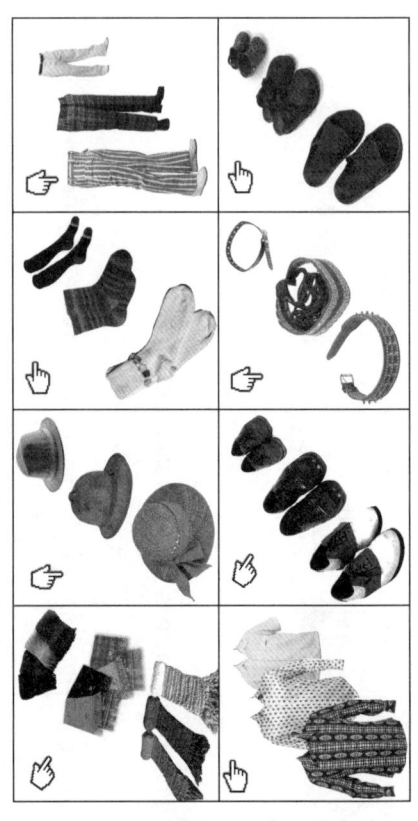

Leyenda: este · ese · aquel

CRUCIGRAMA DE LA FAMILIA

A Puedes reconocer las palabras para hablar de la familia

 15 minutos

Completa las frases con la palabra adecuada y dísela a tu compañero.

1. Mi abuelo es el _____ de mi padre.
2. Estoy casado y amo a mi _____.
3. Yo soy el sobrino de mis _____.
4. Mi nieto es el hijo de mi _____.
5. El hijo de mis padres soy _____.
6. Antonio está insoportable, pero a su edad son iguales todos los _____.
7. La hija de mi hermano es mi _____.
8. Mi tío está _____, su esposa murió hace unos años.
9. Los padres de mi madre, mis _____, son mexicanos.
10. Mis tíos solo tienen un hijo y es mi único _____.
11. Estoy _____ y mi mujer se llama Asunción.
12. Yo soy el primo de mi _____ Ana.
13. Mi abuela tiene 70 años, ya es una persona _____.
14. Miguel y Sandra van a casarse, el próximo sábado es la _____.
15. Mi tío es el _____ de mi madre.

Ahora, escribe las palabras que te dice tu compañero. Si no cabe alguna palabra, dile el número de letras y él te dice otra palabra.

¿Qué pone en la línea vertical?

CRUCIGRAMA DE LA FAMILIA

B Puedes reconocer las palabras para hablar de la familia

15 minutos

Escribe las palabras que te dice tu compañero. Si no cabe alguna palabra, dile el número de letras y él te dice otra palabra.

Completa ahora las frases con la palabra adecuada y dísela a tu compañero.

1. El niño solo tiene un mes y es un _____ precioso.
2. Marta no tiene esposo, está _____.
3. Ya tiene 18 años, ya es un _____ de mis padres.
4. Mi hermana es la _____ de mis padres.
5. Juan y Claudia todavía no están _____, están comprometidos.
6. Un hijo único no tiene _____.
7. Dos hermanos nacidos el mismo día son _____.
8. La madre de mi madre es mi _____.
9. ¿Cuándo es tu _____?
10. El hijo de mis tíos es mi _____.
11. Mi mujer y yo tenemos dos _____ y son dos niñas preciosas.
12. María pronto va a dar a luz, está _____.
13. La madre de mi prima es mi _____.
14. Mis padres no viven juntos, están _____.
15. No somos novios, solo muy buenos _____.

¿Qué pone en la línea vertical?

PARECIDAS, PERO DIFERENTES

B

Puedes describir cómo es una familia

10 minutos

Existen 7 diferencias entre esta familia y la de tu compañero. Habla con él y descúbrelas.

44

PARECIDAS, PERO DIFERENTES

A

Puedes describir cómo es una familia

10 minutos

Existen 7 diferencias entre esta familia y la de tu compañero. Habla con él y descúbrelas.

TU ÁRBOL GENEALÓGICO

A

Puedes describir a tu familia

  20 minutos

Dibuja tu árbol genealógico. Luego, describeselo a tu compañero, él tiene que dibujarlo.

Ahora, escucha a tu compañero y dibuja su árbol genealógico.

TU ÁRBOL GENEALÓGICO

B

Puedes describir a tu familia

20 minutos

Escucha a tu compañero y dibuja su árbol genealógico.

Dibuja ahora tu árbol genealógico. Luego, describeselo a tu compañero, él tiene que dibujarlo.

CAMBIOS EN LAS PERSONAS

B

Puedes describir personas

⏳ 15 minutos

Observa a estas personas. Tu compañero tiene unas parecidas, pero no iguales. Habla con tu compañero y descubre las diferencias.

Mario lleva gafas. ⟶ *En mi dibujo no lleva gafas.*

Juan · Lucas · Mario · María · Elena · Ana · Marta · Luis · Celia

CAMBIOS EN LAS PERSONAS

A

Puedes describir personas

⏳ 15 minutos

Observa a estas personas. Tu compañero tiene unas parecidas, pero no iguales. Habla con tu compañero y descubre las diferencias.

Mario lleva gafas. ⟶ *En mi dibujo no lleva gafas.*

Juan · Lucas · Mario · María · Elena · Ana · Marta · Luis · Celia

¿QUIÉN ES QUIÉN?

B

Puedes identificar personas
10 minutos

Elige uno de los personajes y contesta a las preguntas de tu compañero con «sí» o «no». Hazle preguntas para adivinar el personaje que ha elegido él. Gana quien lo descubre antes.

¿Lleva gafas? ⟶ Sí.

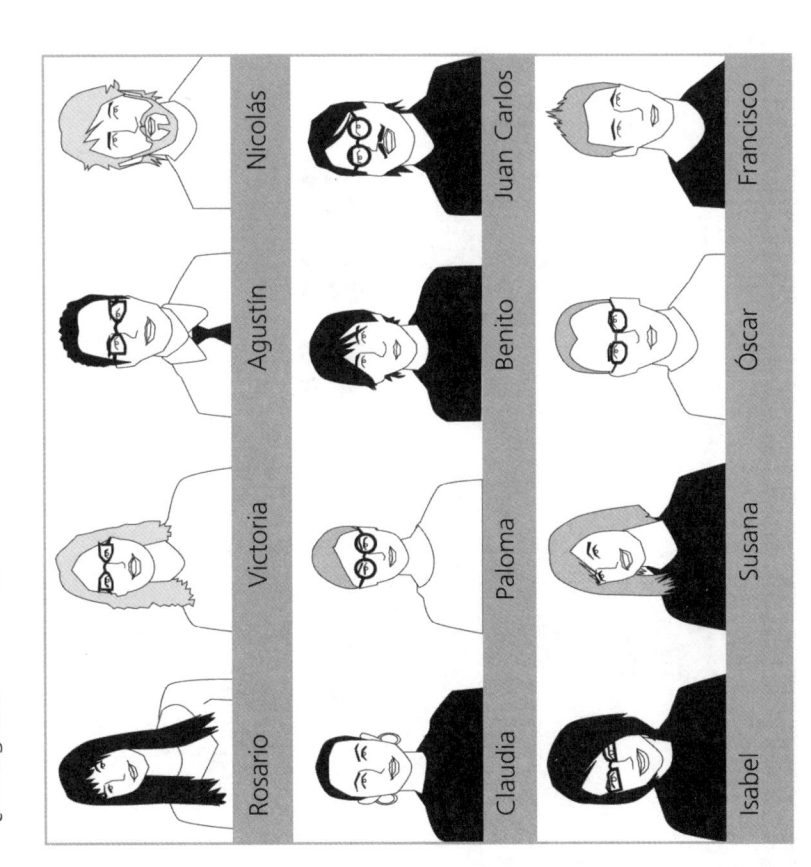

¿QUIÉN ES QUIÉN?

A

Puedes identificar personas
10 minutos

Elige uno de los personajes y contesta a las preguntas de tu compañero con «sí» o «no». Hazle preguntas para adivinar el personaje que ha elegido él. Gana quien lo descubre antes.

¿Lleva gafas? ⟶ Sí.

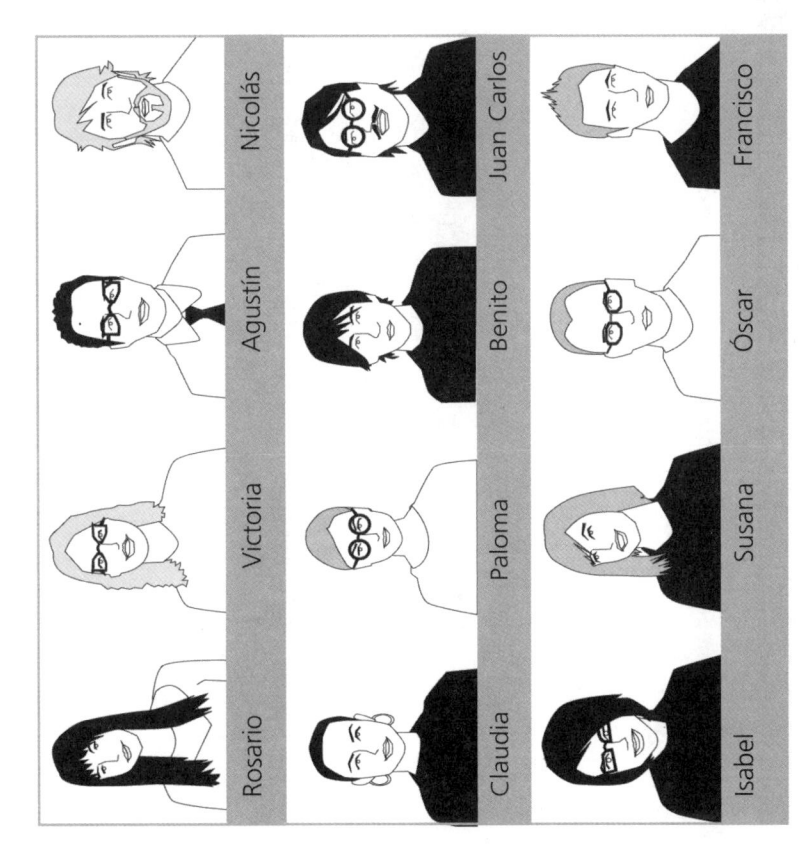

B

SE BUSCA

Puedes hacer el retrato robot de una persona

20 minutos

Tu compañero es testigo de un robo y tú eres un policía. Escucha a tu compañero y completa el siguiente cartel dibujando al ladrón.

Tú sabes quién es la cómplice del ladrón. Descríbesela a tu compañero y ayúdale a realizar un retrato robot.

SE BUSCA

Robó el Banco Central el lunes pasado

¡CUIDADO! PUEDE SER PELIGROSO

A

SE BUSCA

Puedes hacer el retrato robot de una persona

20 minutos

Eres testigo de un robo. Describe al ladrón a la policía (tu compañero) y ayúdale a realizar un retrato robot. Este es el ladrón.

SE BUSCA

Ayudó a robar el Banco Central el lunes pasado

Llamar al teléfono: 987-654-321

Ahora tú eres el policía. Escucha a tu compañero y dibuja el retrato robot de la cómplice.

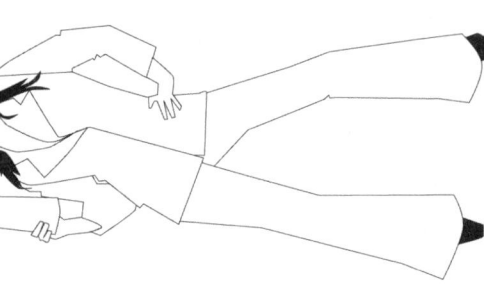

¿CREES EN LOS EXTRATERRESTRES?

A

Puedes descubrir un extraterrestre

20 minutos

¡Increíble! Ves a este extraterrestre. Describeselo a tu compañero. Él tiene que dibujarlo.

Tu compañero tiene otro extraterrestre. Escucha su descripción y dibújalo.

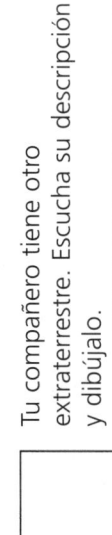

¿Qué diferencias hay entre los dos extraterrestres?
El extraterrestre de mi compañero tiene..., pero el mío...

¿CREES EN LOS EXTRATERRESTRES?

B

Puedes descubrir un extraterrestre

20 minutos

¡Increíble! Tu compañero ve un extraterrestre. Escucha su descripción y dibújalo.

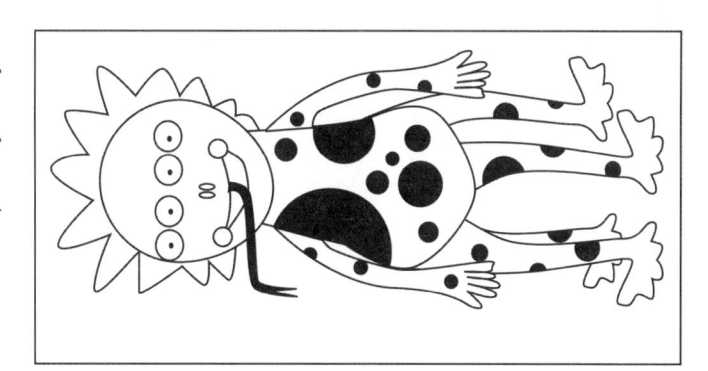

Tú ves a este extraterrestre. Describeselo a tu compañero. Él tiene que dibujarlo.

¿Qué diferencias hay entre los dos extraterrestres?
El extraterrestre de mi compañero tiene..., pero el mío...

TU AMIGO EXTRATERRESTRE

B

Puedes identificar las diferencias entre dos extraterrestres parecidos

10 minutos

Observa este extraterrestre. Tu compañero tiene uno parecido, pero no igual. Habla con él y encuentra las diferencias.

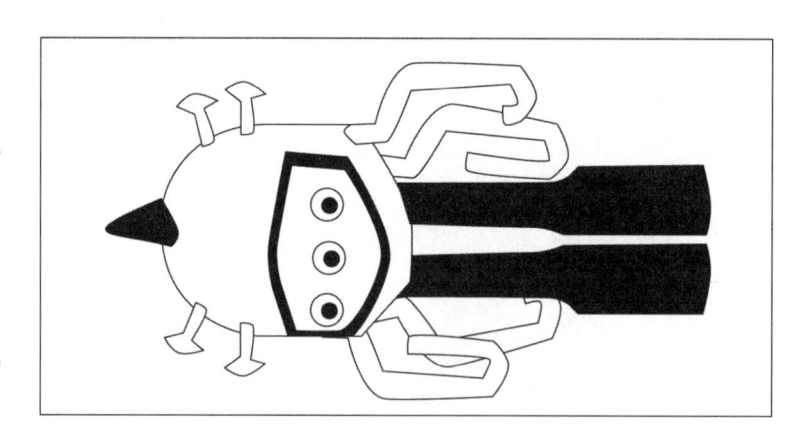

¿Qué diferencias hay entre los dos extraterrestres?

El extraterrestre de mi compañero tiene…, pero el mío…

TU AMIGO EXTRATERRESTRE

A

Puedes identificar las diferencias entre dos extraterrestres parecidos

10 minutos

Observa este extraterrestre. Tu compañero tiene uno parecido, pero no igual. Habla con él y encuentra las diferencias.

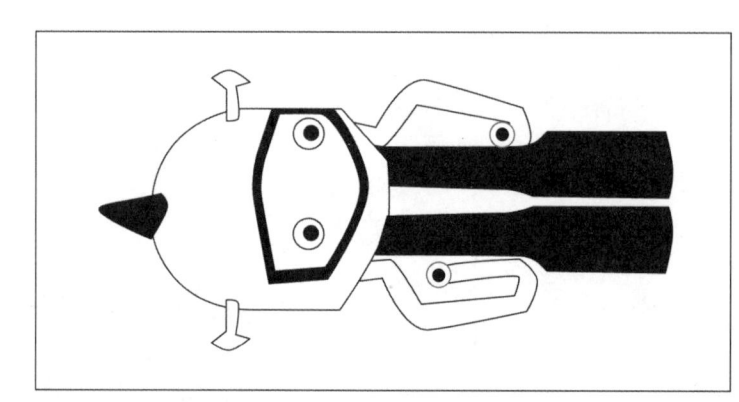

¿Qué diferencias hay entre los dos extraterrestres?

El extraterrestre de mi compañero tiene…, pero el mío…

CADA PRENDA EN SU LUGAR

A

Puedes indicar prendas y partes del cuerpo

10 minutos

Escribe qué prenda te pones en cada parte del cuerpo.
Luego, compara tu lista con la de tu compañero.

Los pies ⟶ **Las sandalias.**

PARTE DEL CUERPO	PRENDA
La cabeza, el pelo	
Los ojos	
Las manos	
Las piernas	
Los dedos	
Los pies	
Los brazos	
El pecho	
El cuello	
Todo el cuerpo	

CADA PRENDA EN SU LUGAR

B

Puedes indicar prendas y partes del cuerpo

10 minutos

Escribe en qué parte del cuerpo te pones estas prendas.
Luego, compara tu lista con la de tu compañero.

Los pies ⟶ **Las sandalias.**

PARTE DEL CUERPO	PRENDA
	El sombrero, la gorra
	Las gafas
	Los guantes
	Los pantalones
	El anillo
	Los zapatos, los calcetines
	La pulsera, el reloj
	El jersey, la camisa, la blusa
	La bufanda
	El traje, el vestido

BINGO DE ROPA

B

Puedes descubrir e identificar prendas

10 minutos

Escucha a tu compañero y marca las palabras que te describe.
Si las encuentras todas, di «bingo».

Se ponen en las piernas y son largos. ➜ ***Los pantalones.***

Ahora, describe estas prendas a tu compañero sin decir el nombre. Él adivina qué describes.

- ☐ Sombrero ☐ Gafas ☐ Falda ☐ Traje ☐ Biquini ☐ Calcetines
- ☐ Zapatos ☐ Bufanda ☐ Guantes ☐ Paraguas ☐ Cinturón
- ☐ Corbata ☐ Gorro ☐ Abrigo ☐ Camisa

BINGO DE ROPA

A

Puedes descubrir e identificar prendas

10 minutos

Describe estas prendas a tu compañero sin decir el nombre.
Él adivina qué describes.

Se ponen en las piernas y son largos. ➜ Los pantalones.

- ☐ Gorra ☐ Zapatos ☐ Bañador ☐ Blusa ☐ Pulsera ☐ Reloj
- ☐ Pantalones ☐ Vestido ☐ Anillo ☐ Jersey ☐ Sandalias
- ☐ Mochila ☐ Bolso ☐ Camiseta ☐ Pijama

Ahora, escucha a tu compañero y marca las palabras que te describe. Si las encuentras todas, di «bingo».

¿QUÉ ME PONGO HOY?

A

Puedes decidir qué ropa te pones

⏳ 10 minutos

1. Decide qué te pones en cada una de estas situaciones. Escribe la lista de prendas. Después, léela a tu compañero y así él adivina a dónde vas.

VAS A UNA BODA

- ....
- ....
- ....
- ....
- ....
- ....
- ....

VAS A HACER DEPORTE

- ....
- ....
- ....
- ....
- ....
- ....

2. Ahora, escucha a tu compañero. Te describe qué ropa se pone. Adivina a dónde va.

¿QUÉ ME PONGO HOY?

B

Puedes decidir qué ropa te pones

10 minutos ⏳

1. Escucha a tu compañero. Te describe qué ropa se pone. Adivina a dónde va.

2. Ahora, decide qué te pones en cada una de estas situaciones. Escribe la lista de prendas. Después, léela a tu compañero y así él adivina a dónde vas.

VAS DE EXCURSIÓN

- ....
- ....
- ....
- ....
- ....
- ....
- ....

VAS A HACER LA COMPRA

- ....
- ....
- ....
- ....
- ....
- ....
- ....

B

HACER LA MALETA

Puedes organizar el equipaje para cada tipo de viaje
15 minutos

Trabajas en un aeropuerto transportando maletas.
Desgraciadamente dos maletas están rotas y la ropa en el suelo. No sabes a qué maleta pertenece la ropa, pero sabes que una va a Estocolmo y la otra a Málaga. Haz las dos maletas. Al final, compara tus maletas con las de tu compañero y justifica tu respuesta.

Un jersey: Yo creo que van a Estocolmo porque hace frío…

unos pantalones cortos
unas botas
una chaqueta
una camiseta
unos vaqueros
un jersey
un bañador
un abrigo
un impermeable
un pijama
unos guantes
un paraguas

unas gafas de sol
una bufanda
una gorra
un bronceador
una toalla
una falda corta
una camisa
unos calcetines gruesos
un vestido
un sombrero
unas sandalias

A ESTOCOLMO · A MÁLAGA

FICHA 6

8. CUERPO Y ROPA

A

HACER LA MALETA

Puedes organizar el equipaje para cada tipo de viaje
15 minutos

Trabajas en un aeropuerto transportando maletas.
Desgraciadamente dos maletas están rotas y la ropa en el suelo. No sabes a qué maleta pertenece la ropa, pero sabes que una va a Estocolmo y la otra a Málaga. Haz las dos maletas. Al final, compara tus maletas con las de tu compañero y justifica tu respuesta.

Un jersey: Yo creo que van a Estocolmo porque hace frío…

unos pantalones cortos
unas botas
una chaqueta
una camiseta
unos vaqueros
un jersey
un bañador
un abrigo
un impermeable
un pijama
unos guantes
un paraguas

unas gafas de sol
una bufanda
una gorra
un bronceador
una toalla
una falda corta
una camisa
unos calcetines gruesos
un vestido
un sombrero
unas sandalias

A MÁLAGA · A ESTOCOLMO

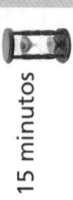

EN UNA TIENDA

B

Puedes manejarte en una tienda de ropa y zapatos

15 minutos

1. Eres el dependiente en una tienda de zapatos. Atiende a un cliente (tu compañero). Durante el diálogo tienes que utilizar los siguientes verbos.

Ayudar	Pagar
Costar	Preferir
Envolver	Probar
Gustar	Querer

2. Eres un cliente y quieres comprar unos pantalones. Desarrolla un diálogo junto con tu compañero (el dependiente de la tienda). Utiliza estas palabras al menos una vez.

talla

color

pantalones

precio

largos

probadores

EN UNA TIENDA

A

Puedes manejarte en una tienda de ropa y zapatos

15 minutos

1. Eres un cliente y quieres comprar unos zapatos. Desarrolla un diálogo junto con tu compañero (el dependiente de la tienda). Utiliza estas palabras al menos una vez.

talla

color

zapatos

regalo

precio

marca

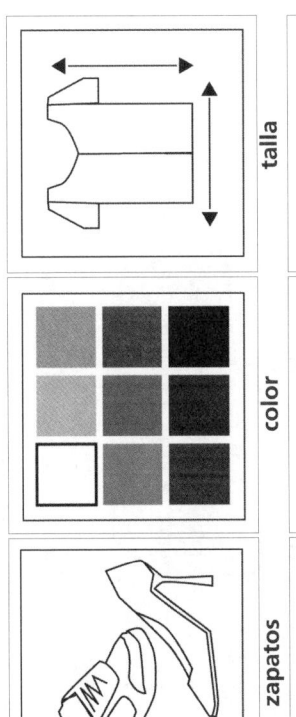

2. Eres el dependiente en una tienda de ropa. Atiende a un cliente (tu compañero). Durante el diálogo tienes que utilizar los siguientes verbos.

Ayudar	Pagar
Costar	Preferir
Envolver	Probar
Gustar	Querer

B
CUESTIONARIO: LA ROPA

Puedes leer, informarte e informar sobre la personalidad y la ropa

25 minutos

1. Lee estos textos e infórmate.

La ropa y las características profesionales:

Si cuando piensas en el trabajo... — **...entonces te conviene un trabajo...**
- Te pones normalmente ropa original: creativo y/o artístico.
- Te pones ropa seria y formal, pero con algo original: relacionado con el trato con clientes.
- Te pones ropa de moda y muy moderna: relacionado con la moda.
- Te pones pantalones y una camisa: de informático o técnico.
- Te pones traje clásico y formal: relacionado con el dinero y las finanzas.
- Te pones traje serio, pero con algo original: de puesto directivo, jefe.

Los colores y el perfil profesional:

- Negro: autónomo e independiente.
- Marrón: convencional y poco ambicioso.
- Rojo: creativo y original.
- Naranja: intelectual y seguro.
- Amarillo: analítico y constante.
- Verde: conformista y obediente.
- Azul o violeta: abierto a nuevos trabajos.
- Gris: rutinario y poco sociable.
- Blanco: cooperativo y amistoso.

2. Pregunta a tu compañero y anota sus respuestas en este cuestionario. Puedes formular más preguntas.

a. Cuando vas al trabajo, ¿utilizas la misma ropa que cuando no trabajas? _____
b. ¿De qué color tienes más ropa para ir al trabajo? _____
c. ¿Qué prenda te pones normalmente para trabajar?: ___ traje ___ una chaqueta y un pantalón o falda ___ una corbata ___ un pantalón y una camisa ___ deportiva ___ moderna ___ cada día algo diferente.
d. ¿Qué estilo de ropa te pones para trabajar?: ___ elegante ___ formal ___ informal ___ cómoda ___ deportiva ___ moderna
e. ¿Cómo defines tu estilo de ropa para trabajar? Elige dos adjetivos: ___ serio ___ formal ___ informal ___ cómodo ___ deportivo ___ clásico ___ moderno
f. ¿Qué prendas no usas nunca para trabajar?: ___ traje ___ chaqueta ___ corbata ___ joyas
g. ¿Crees que para ir a trabajar puedes llevar la misma ropa que cuando no trabajas? ¿Por qué? _____

3. Describe cómo va vestido tu compañero.
4. Lee otra vez los textos y describe cómo es tu compañero.

A
CUESTIONARIO: LA ROPA

Puedes leer, informarte e informar sobre la personalidad y la ropa

25 minutos

1. Lee estos textos e infórmate.

El significado de los colores:

- Amarillo: es intelectual y profundo.
- Azul o violeta: es seguro y sabe lo que quiere.
- Blanco: quiere hacer amigos y es muy familiar.
- Gris: está desmotivado, no tiene interés.
- Marrón: le gusta la tranquilidad, no quiere problemas.
- Naranja: es emocional y seguro de sí mismo.
- Negro: es solitario e independiente.
- Rojo: es pasional, le gusta la aventura.
- Verde: tranquilo y equilibrado.

El significado de la ropa:

- Si le interesa la moda, es frívolo y materialista. Le gusta disfrutar de la vida.
- Si lleva ropa cómoda, es inteligente y seguro de sí mismo. Es solidario y sensible.
- Si utiliza complementos (collares, pañuelos, cinturones...), es agradable y quiere hacer amigos.

2. Pregunta a tu compañero y anota sus respuestas en este cuestionario. Puedes formular más preguntas.

a. ¿Cuál es tu color favorito para tu ropa? _____
b. ¿Qué color no te gusta? _____
c. ¿Por qué llevas hoy la ropa de color...? ¿Por qué? _____
d. ¿Cuál es tu prenda favorita? ¿Por qué? _____
e. ¿Qué estilo de ropa prefieres?: ___ elegante ___ formal ___ informal ___ cómoda ___ deportiva ___ moderna
f. ¿Qué tipo de ropa no te gusta? ¿Por qué? _____
g. ¿Dónde compras la ropa normalmente?: ___ en boutiques especializadas ___ en centros comerciales ___ por Internet ___ normalmente no compras ropa, te la compran.
h. ¿Usas complementos como joyas, pañuelos, cinturones? ¿Cuáles? _____

3. Describe cómo va vestido tu compañero.
4. Lee otra vez los textos y describe cómo es tu compañero.

MI PISO

B

Puedes describir un piso

10 minutos

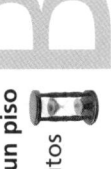

1. Observa este piso, escucha a tu compañero y escribe el nombre de cada habitación.

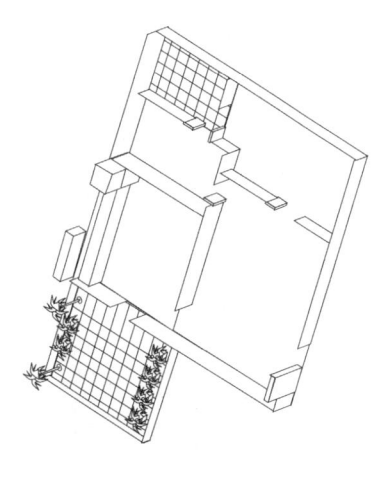

2. Observa ahora este otro piso e indícale a tu compañero las distintas habitaciones.

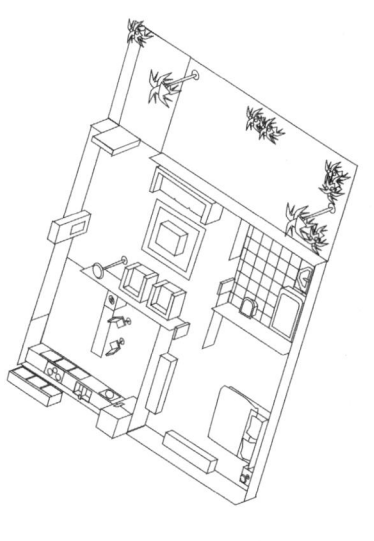

MI PISO

A

Puedes describir un piso

10 minutos

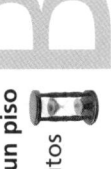

1. Observa este piso e indícale a tu compañero las distintas habitaciones.

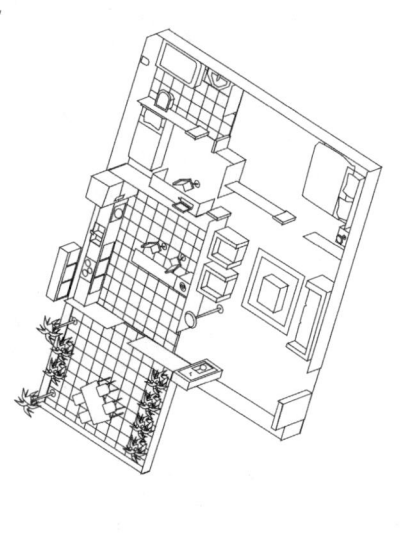

2. Ahora, observa este otro piso, escucha a tu compañero y escribe el nombre de cada habitación.

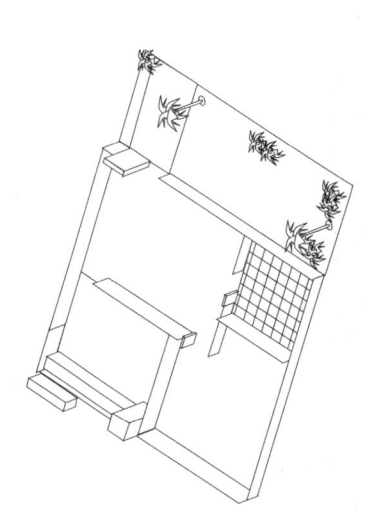

BINGO DE MUEBLES

B

Puedes descubrir e identificar muebles
10 minutos

1. Escucha a tu compañero y marca si tienes las palabras que oyes. ¿Cuánto tiempo tardas en hacer bingo?

2. Numera ahora estas palabras. Indica el artículo y léeselas en el orden que has puesto a tu compañero. ¿Cuánto tiempo tarda en hacer bingo? Quien tarda menos es el campeón.

☐ mesa ☐ silla ☐ cama ☐ sofá ☐ sillón ☐ armario
☐ estantería ☐ ducha ☐ lavabo ☐ nevera ☐ lavadora
☐ lavaplatos ☐ microondas ☐ cocina ☐ radio
☐ televisión ☐ vídeo ☐ puerta ☐ ventana ☐ lámpara

BINGO DE MUEBLES

A

Puedes descubrir e identificar muebles
10 minutos

1. Numera estas palabras. Indica el artículo y léeselas en el orden que has puesto a tu compañero. ¿Cuánto tiempo tarda en hacer bingo?

☐ mesa ☐ silla ☐ cama ☐ sofá ☐ sillón ☐ armario
☐ estantería ☐ ducha ☐ lavabo ☐ nevera ☐ lavadora
☐ lavaplatos ☐ microondas ☐ cocina ☐ radio
☐ televisión ☐ vídeo ☐ puerta ☐ ventana ☐ lámpara

2. Ahora, escucha a tu compañero y marca si tienes las palabras que oyes. ¿Cuánto tiempo tardas en hacer bingo? Quien tarda menos es el campeón.

¿QUÉ HAY Y DÓNDE ESTÁ?

A  10 minutos

Puedes describir una habitación y situar los objetos

1. Encuentra las diez diferencias que existen entre tu dibujo y el de tu compañero. Descríbele dónde están estos objetos:

Pelota, radio, paquete, papelera, zapatos, bolso

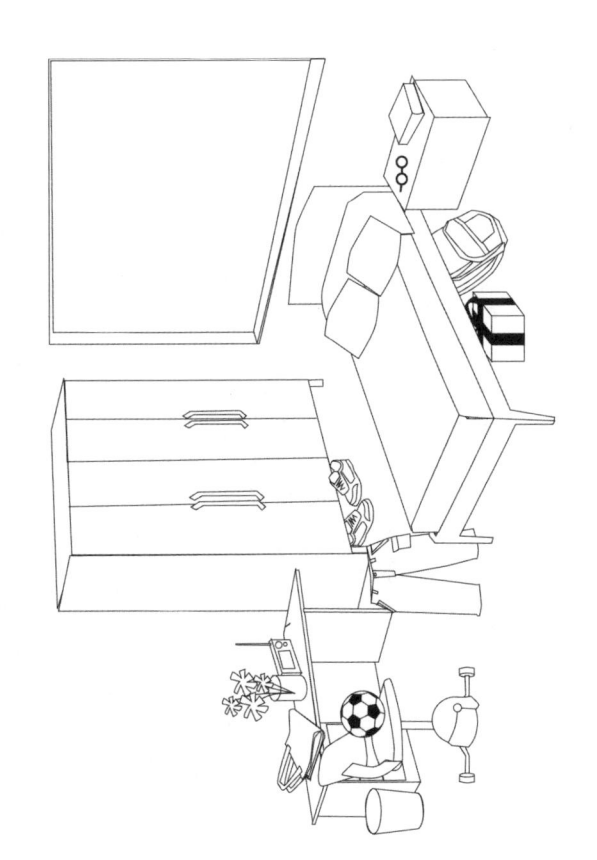

2. Ahora, escucha a tu compañero y dile dónde están en tu habitación los objetos que él te dice.

B  10 minutos

¿QUÉ HAY Y DÓNDE ESTÁ?

Puedes describir una habitación y situar los objetos

1. Encuentra las diez diferencias que existen entre tu dibujo y el de tu compañero. Escucha a tu compañero y dile dónde están en tu habitación los objetos que él te dice.

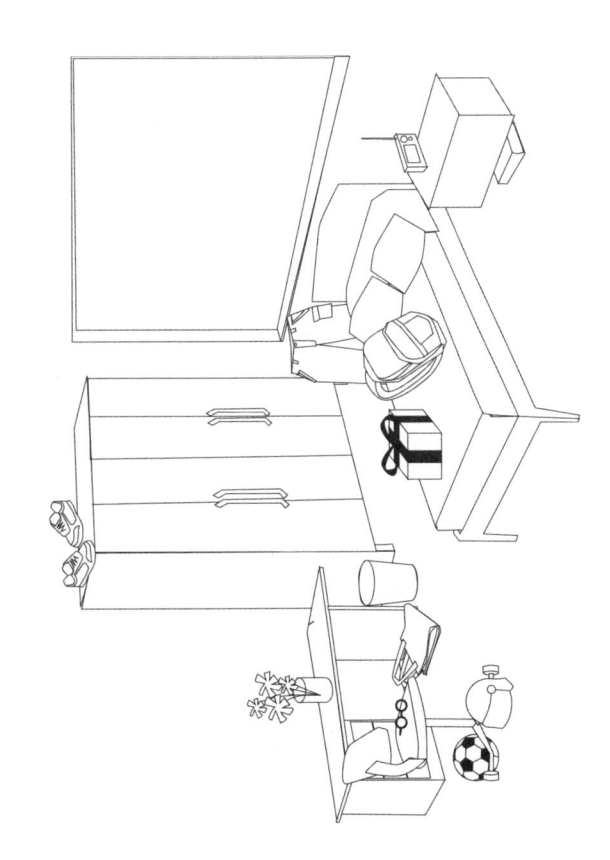

2. Ahora, descríbele dónde están estos objetos:

Casco, libro, gafas, pantalones, mochila, flores

TU NUEVO PISO COMPARTIDO

A

Puedes diseñar y describir tu piso

15 minutos

Este es tu nuevo piso. Lo compartes con tu compañero. Distribuye las habitaciones y pon los muebles. Después, habla con tu compañero y ponte de acuerdo con él en dónde ponéis cada cosa. Justifica tus ideas.

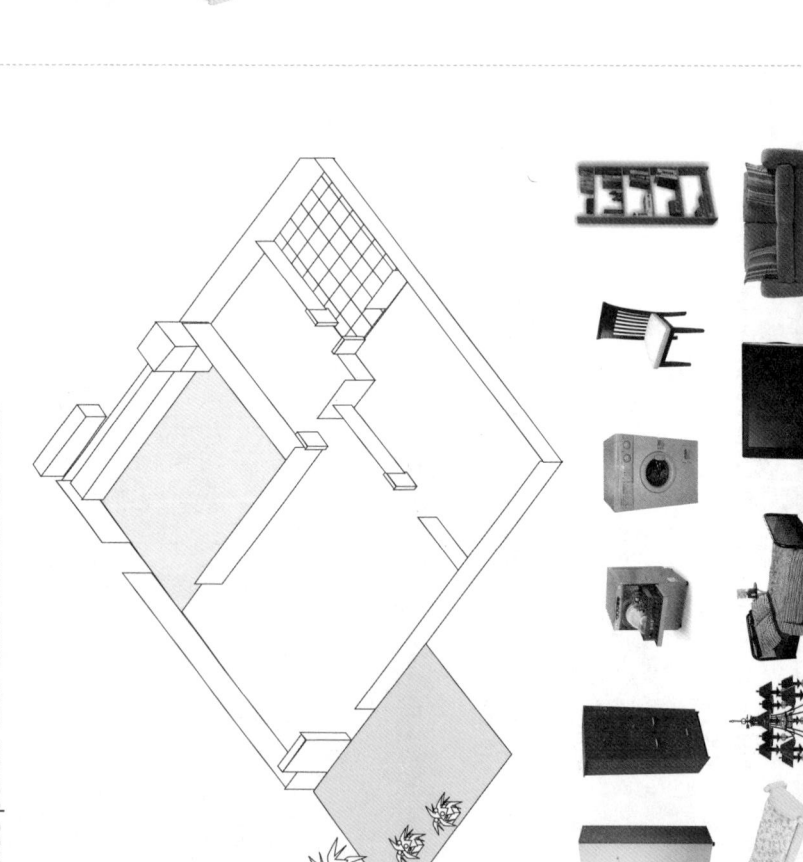

FICHA 4

9. VIVIENDA

TU NUEVO PISO COMPARTIDO

B

Puedes diseñar y describir tu piso

15 minutos

Este es tu nuevo piso. Lo compartes con tu compañero. Distribuye las habitaciones y pon los muebles. Después, habla con tu compañero y ponte de acuerdo con él en dónde ponéis cada cosa. Justifica tus ideas.

A

¿DÓNDE LO PONGO?

Puedes decidir e indicar dónde poner los objetos

  20 minutos

1. Estás de mudanza. Decide dónde pones estos objetos.

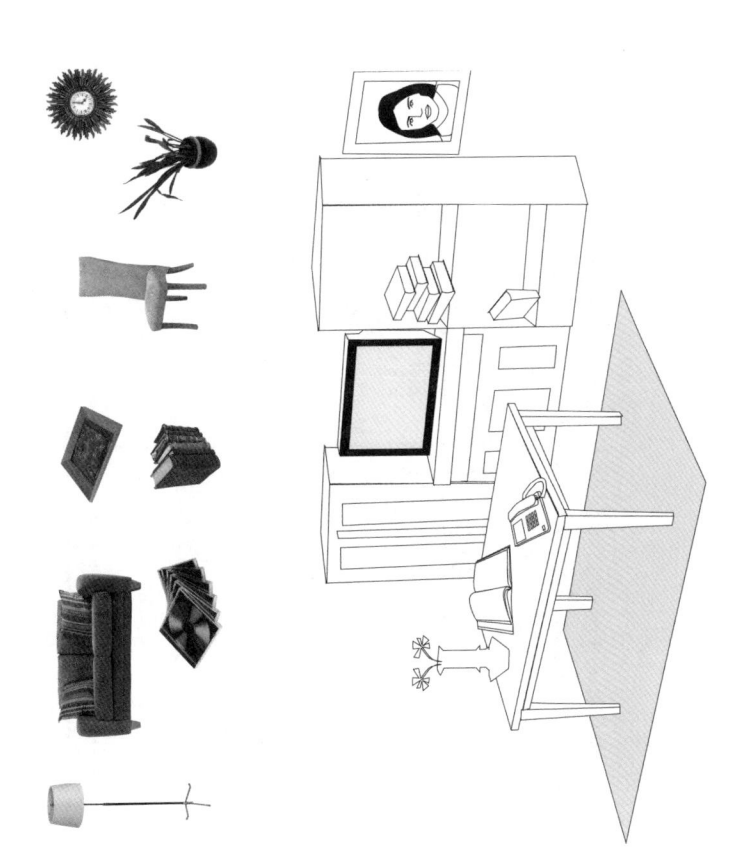

2. Tu compañero te ayuda a hacer la mudanza.
Responde a sus preguntas y dile el lugar correcto.

¿Dónde pongo la caja? ⟶ **Ponla encima de la mesa.**

B

¿DÓNDE LO PONGO?

Puedes decidir e indicar dónde poner los objetos

20 minutos

Tu compañero está de mudanza. Ayúdale.
Pregúntale dónde pones estas cosas y márcalo en la imagen.

Unos libros, una lámpara, un cuadro, un reloj de pared,
los CD de música, un sofá, una silla, una planta.

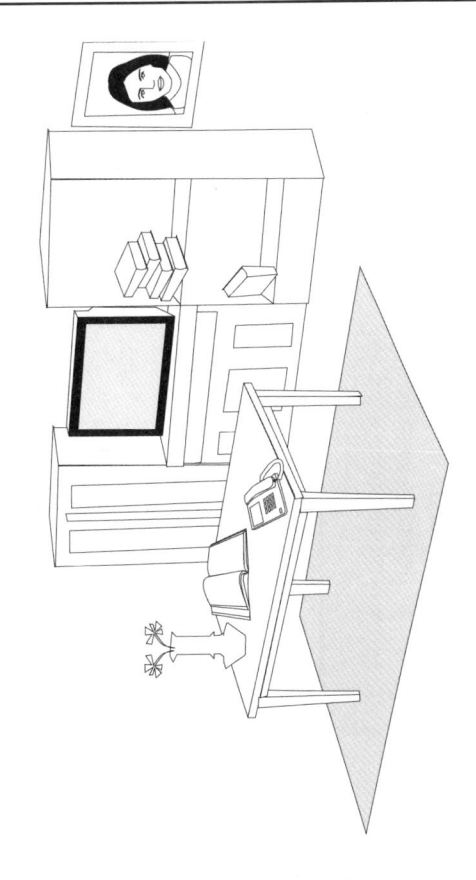

¿Dónde pongo la lámpara? ⟶ *Ponla encima de la mesita.*

DECIDIRSE POR UN PISO

A

Puedes informarte de las ofertas de alquiler y elegir el piso que te gusta

20 minutos

Estás buscando un piso en Madrid y encuentras estos anuncios en un periódico viejo. Pregunta a tu compañero por la información que no ves y completa los anuncios.

ESPACIOSO DÚPLEX

80 m², exterior, nuevo. 2 dormitorios y 2 baños completos.
Cocina equipada. Calefacción individual. Totalmente amueblado. Jardín con piscina. 1 plaza de garaje. ¡Gran oportunidad! 750€ al mes + gastos de comunidad (35 €).
Calle San José, 71 – Distrito de San Blas, 28019 Madrid.
Llamar a Elena Romero.
Tel.: 632.98.41.56 (Solo tardes).

PISO NUEVO

85 m², exterior. 3 dormitorios, 2 baños, cocina equipada.
Muy luminoso. Calefacción central y aire acondicionado. Ascensor, garaje, zonas verdes. Zona tranquila y bien comunicada (Metro Batán). 1.150 € al mes + gastos de comunidad (150 €).
Calle Príncipe de Asturias, 5- 28149 Madrid.
Llamar a Lourdes Vargas.
Tel.: 635.79.20.31

ESTUDIO

40 m², interior, 1 baño y cocina equipada. Totalmente amueblado con electrodomésticos. Calefacción central, ascensor, garaje. Zona bien comunicada (Metro Estrella, autobús 101) 900€ al mes + gastos de comunidad (46€)
Calle La Paz, 23 -28002 Madrid.
Llamar a Javier Sánchez.
Tel.: 690.32.84.05

ÁTICO ACOGEDOR

104 m², exterior. Muy amplio. 3 dormitorios, 2 baños completos, cocina equipada. Calefacción individual, terraza grande. Ascensor, garaje, cámara de vigilancia. Zona céntrica (metro Tribunal). 1.250 € + gastos de comunidad (100 €).
Calle La Soledad, 113 – 28015 Madrid. Llamar a Iván Díaz. Tel.: 635.79.20.31

Decide con tu compañero cuál de los cuatro os interesa más. ¿Por qué?

DECIDIRSE POR UN PISO

Puedes informarte de las ofertas de alquiler y elegir el piso que te gusta

20 minutos

B

Estás buscando un piso en Madrid y encuentras estos anuncios en un periódico viejo. Pregunta a tu compañero por la información que no ves y completa los anuncios.

PISO NUEVO

85 m², exterior. 3 dormitorios, 2 baños, cocina equipada.
Muy luminoso. Calefacción central y aire acondicionado. Ascensor, garaje, zonas verdes. Zona tranquila y bien comunicada (Metro Batán). 1.150 € al mes + gastos de comunidad (150 €).
Calle Príncipe de Asturias, 5- 28149 Madrid.
Llamar a Lourdes Vargas.
Tel.: 635.79.20.31

ESPACIOSO DÚPLEX

80 m², exterior, nuevo. 2 dormitorios y 2 baños completos.
Cocina equipada. Calefacción individual. Totalmente amueblado. Jardín con piscina. 1 plaza de garaje. ¡Gran oportunidad! 750 € al mes + gastos de comunidad (35 €).
Calle San José, 71 – Distrito de San Blas, 28019 Madrid.
Llamar a Elena Romero.
Tel.: 632.98.41.56 (Solo tardes).

ÁTICO ACOGEDOR

104 m², exterior. Muy amplio. 3 dormitorios, 2 baños completos, cocina equipada. Calefacción individual, terraza grande. Ascensor, garaje, cámara de vigilancia. Zona céntrica (metro Tribunal). 1.250 € + gastos de comunidad (100 €).
Calle La Soledad, 113 – 28015 Madrid.
Llamar a Iván Díaz. Tel.: 635.79.20.31

ESTUDIO

40 m², interior. 1 dormitorio, 1 baño y cocina equipada. Totalmente amueblado con electrodomésticos. Calefacción central, ascensor, garaje. Zona bien comunicada (Metro Estrella, autobús 101) 900 € al mes + gastos de comunidad (46 €)
Calle La Paz, 23 - 28002 Madrid.
Llamar a Javier Sánchez.
Tel.: 690.32.84.05

Decide con tu compañero cuál de los cuatro os interesa más. ¿Por qué?

CUESTIONARIO: LA VIVIENDA

Puedes preguntar e informar sobre la vivienda

20 minutos

B

1. Hazle las siguientes preguntas a tu compañero. Luego, contesta tú a las suyas.

1. ¿Dónde prefieres vivir, en una casa o en un piso? ¿Por qué?

2. ¿Prefieres vivir solo o compartir con alguien? ¿Por qué?

3. ¿Cómo es y dónde está la vivienda de tus sueños?

4. ¿Prefieres vivir en el centro de una ciudad o en las afueras? ¿Por qué?

5. ¿Conoces a tus vecinos? ¿Cómo te llevas con ellos?

6. ¿Cómo vas al trabajo, a la universidad o a la escuela?

7. ¿Qué es lo mejor y lo peor del barrio en el que vives?

8. ¿Qué ves desde la ventana de tu piso o desde tu habitación?

9. Describe el barrio en el que vives.

2. ¿Qué diferencias hay entre tu barrio y el de tu compañero?

CUESTIONARIO: LA VIVIENDA

Puedes preguntar e informar sobre la vivienda

20 minutos

A

1. Hazle las siguientes preguntas a tu compañero. Luego, contesta tú a las suyas.

1. ¿Vives en casa propia o alquilas?

2. ¿En qué planta vives?

3. ¿Cuántas habitaciones hay en tu vivienda?

4. Describe tu habitación.

5. ¿Cuántas ventanas hay en tu vivienda? ¿Y puertas?

6. ¿Cuál es la habitación preferida de tu casa? ¿Por qué?

7. ¿Cuál es tu mueble preferido? ¿Por qué?

8. Menciona al menos cinco electrodomésticos que tienes en casa.

9. ¿Con qué frecuencia haces la limpieza en casa?

2. ¿Qué diferencias hay entre tu vivienda y la de tu compañero?

CIUDADES PARECIDAS, PERO NO IGUALES

Puedes describir una ciudad y situar lugares

15 minutos

Observa esta ciudad. Tu compañero tiene otra muy parecida, pero no igual. Habla con él y descubre las 10 diferencias.

COMISARÍA
TEATRO
ESTANCO
BUS

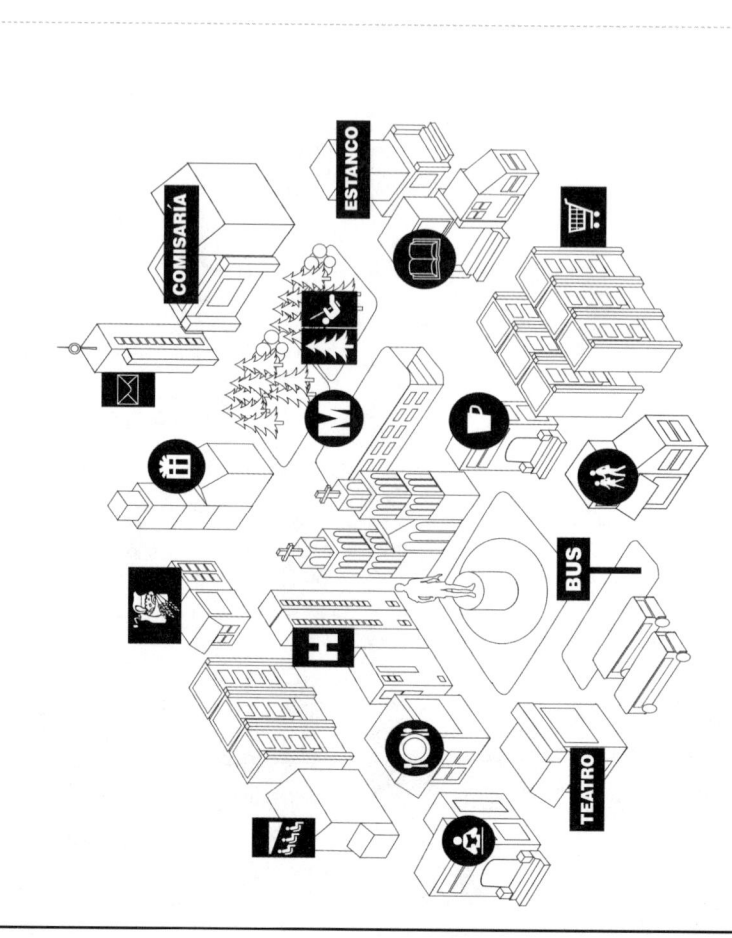

CIUDADES PARECIDAS, PERO NO IGUALES

Puedes describir una ciudad y situar lugares

15 minutos

Observa esta ciudad. Tu compañero tiene otra muy parecida, pero no igual. Habla con él y descubre las 10 diferencias.

COMISARÍA
ESTANCO
TEATRO
BUS

EN METRO POR BARCELONA

B

Puedes informarte de cómo viajar en metro por una ciudad

20 minutos

1. Tu compañero está de visita en Barcelona. Ayúdale a encontrar los lugares que busca. Explícale cómo ir en metro.

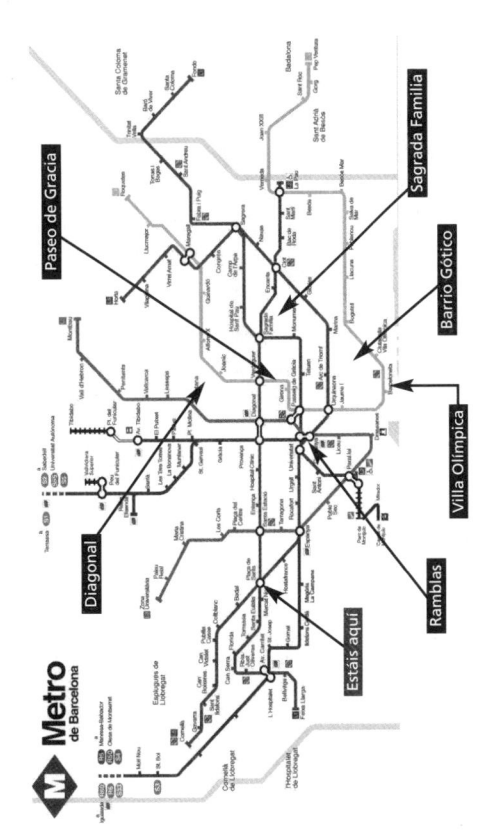

Metro de Barcelona

Paseo de Gracia · Sagrada Familia · Barrio Gótico · Villa Olímpica · Ramblas · Diagonal · Estáis aquí

2. Ahora escucha a tu compañero y anota por qué son interesantes los lugares que ha elegido.

EN METRO POR BARCELONA

A

Puedes informarte de cómo viajar en metro por una ciudad

20 minutos

1. Hoy estás en Barcelona. Lee y elige tres lugares que desees visitar. Pregunta a tu compañero cómo se va en metro.

Lugares de interés:

■ **El Barrio Gótico.** Barrio medieval con restos de la ciudad romana e impresionante catedral gótica.

■ **Las Ramblas.** Calle peatonal con mercado al aire libre, el teatro Liceu de la ópera y el mercado de la Boquería.

■ **Paseo de Gracia.** Calle comercial con importantes edificios modernistas de Gaudí y otros arquitectos.

■ **La Sagrada Familia.** Catedral modernista inacabada de Gaudí.

■ **La Villa Olímpica.** Junto al puerto deportivo. Aquí se celebraron las olimpiadas del 92. Zona de ocio.

■ **Diagonal.** Barrio de principios de siglo, con amplias avenidas. Zona de moda, discotecas y restaurantes modernos.

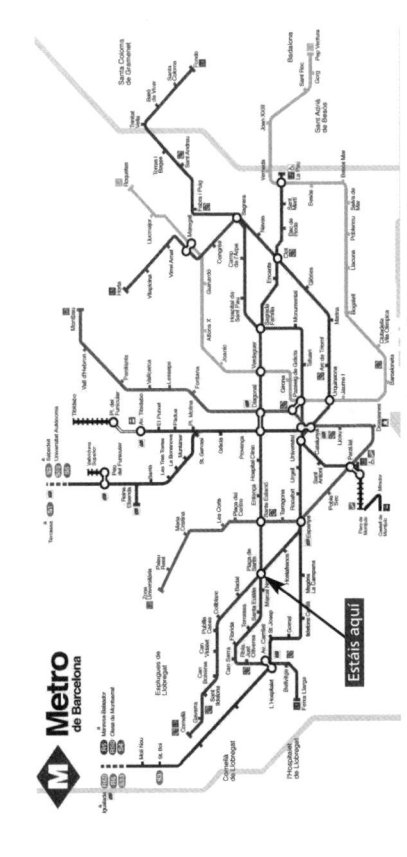

Metro de Barcelona

Estáis aquí

2. Ahora explica a tu compañero qué hay en los lugares que has elegido.

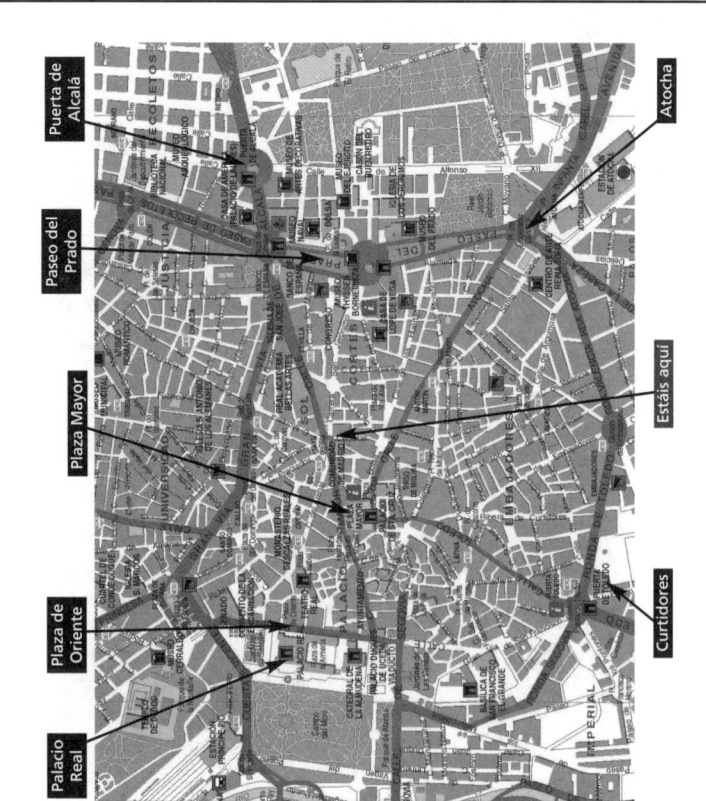

DISCULPE, ¿PARA IR A...?

Puedes moverte por la ciudad
15 minutos

1. Tu compañero está de visita en Madrid. Ayúdale a encontrar los lugares que busca. Explícale cómo ir.

Palacio Real · Plaza de Oriente · Plaza Mayor · Paseo del Prado · Puerta de Alcalá · Atocha · Estáis aquí · Curtidores

2. Ahora escucha a tu compañero y anota por qué son interesantes los lugares que ha elegido.

DISCULPE, ¿PARA IR A...?

A

Puedes moverte por una ciudad
15 minutos

1. Estás de visita en Madrid y solo tienes un día. Lee la información turística y elige tres lugares que deseas visitar. Pregunta a tu compañero cómo se va.

- **Plaza Mayor.** Centro histórico. Ferias de artesanía, sellos y monedas antiguas...
- **Palacio Real.** Palacio del siglo XVIII. Museo. Residencia de los reyes españoles hasta 1931. Bonitos jardines.
- **Plaza de Oriente.** Teatro nacional de la ópera, terrazas y bares, parque.
- **Paseo del Prado.** Museo del Prado: Pintura española y europea.
- **Atocha.** Museo Nacional Centro de Arte Reina Sofía, museo de pintura contemporánea. Estación de trenes.
- **Curtidores.** Mercado dominical El Rastro, cosas de segunda mano.
- **Puerta de Alcalá.** Parque El Retiro, un espacio verde en el centro de la ciudad para relajarse y hacer deporte.

Estáis aquí

2. Ahora explica a tu compañero qué hay en los lugares que has elegido.

UNA ESCAPADA POR CÓRDOBA

B

Puedes organizar una excursión de un día

⏳ 10 minutos

Tu compañero y tú estáis de visita en Córdoba. Lee la información turística y marca en el plano los sitios que queréis visitar. Luego, planead la mejor ruta. Solo tenéis un día para visitar la ciudad.

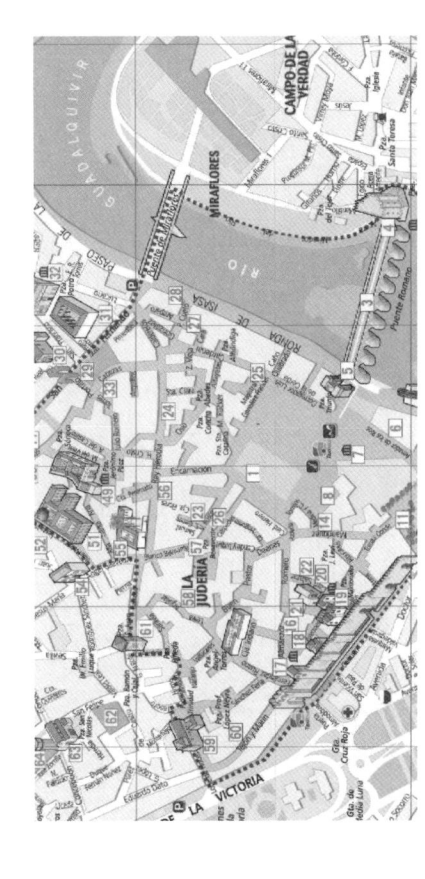

Lugares de interés:

La Mezquita. `1`
Los Alcázares. `6`
Los baños árabes. `11`
La Judería. `57`
Museo Julio Romero de Torres. `32`
Gran Teatro. `64`
Iglesia de San Francisco. `30`
El río Guadalquivir y puente romano. `3`
Museo Arqueológico. `49`

UNA ESCAPADA POR CÓRDOBA

A

Puedes organizar una excursión de un día

⏳ 10 minutos

Tu compañero y tú estáis de visita en Córdoba. Lee la información turística y marca en el plano los sitios que queréis visitar. Luego, planead la mejor ruta. Solo tenéis un día para visitar la ciudad.

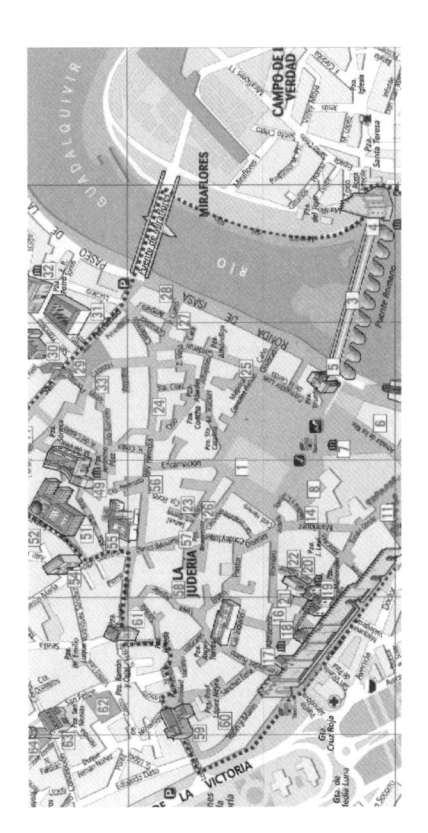

Lugares de interés:

`1` La Mezquita.
`6` Los Alcázares.
`11` Los baños árabes.
`57` La Judería.
`32` Museo Julio Romero de Torres.
`64` Gran Teatro.
`30` Iglesia de San Francisco.
`3` El río Guadalquivir y puente romano.
`49` Museo Arqueológico.

CIUDADES HISPANAS

A

Puedes describir ciudades

⏳ 15 minutos

1. Completa los textos con el verbo *ser* o *estar*. Después, lee los textos a tu compañero. Él te dice el nombre de estas ciudades españolas.

1. _____ la capital de España. _____ en el centro del país. _____ la ciudad más grande. _____ una ciudad muy turística y conocida por sus museos. Allí _____ el Museo del Prado y el Museo Reina Sofía.

2. _____ la segunda ciudad del país. _____ en la costa norte del Mediterráneo. _____ famosa por la arquitectura de Gaudí.

3. _____ una ciudad industrial. _____ cerca del Cantábrico. _____ a 395 kilómetros de Madrid.

4. _____ en el sur. _____ conocida por el flamenco. _____ muy bonita y _____ cerca de otras ciudades interesantes.

2. Ahora escucha a tu compañero y dile cómo se llaman las ciudades mexicanas de las que habla.

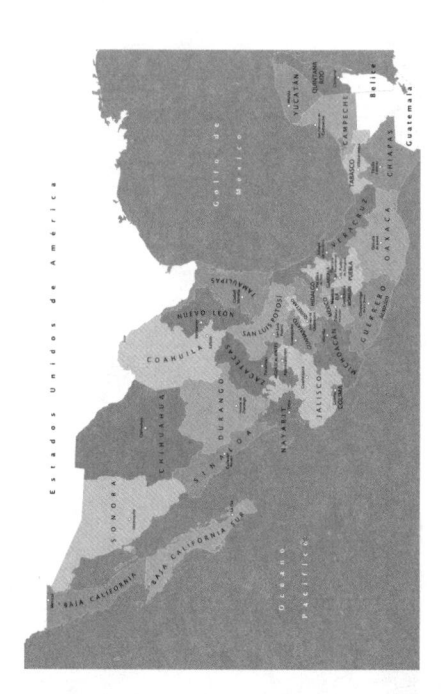

CIUDADES HISPANAS

B

Puedes describir ciudades

⏳ 15 minutos

1. Completa los textos con el verbo *ser* o *estar*. Después, lee los textos a tu compañero. Él te dice el nombre de estas ciudades mexicanas.

1. _____ la capital de México. Está en el centro del país. _____ una de las ciudades más pobladas del mundo. Ahí _____ el Zócalo, la Catedral, la Basílica de Guadalupe.

2. _____ la segunda ciudad más poblada del país, _____ muy conocida por sus tradiciones, sus festivales y su cultura. _____ en el estado de Jalisco. _____ una ciudad industrial muy rica. _____ en el norte del país (en Nuevo León) y tiene una Universidad que _____ muy famosa.

4. _____ en el sur, en el estado de Guerrero. _____ famosa por sus playas y sus discotecas, que _____ visitadas por millones de turistas.

5. _____ conocida como la ciudad blanca. _____ en el sureste del país, en la península de Yucatán, en territorio de la civilización maya.

6. _____ una ciudad minera muy turística. _____ en el centro-norte del país. Su nombre significa *Cerro de ranas*. _____ la sede del Festival Internacional Cervantino. _____ entre Michoacán y San Luis Potosí.

2. Ahora escucha a tu compañero y dile cómo se llaman las ciudades españolas de las que habla.

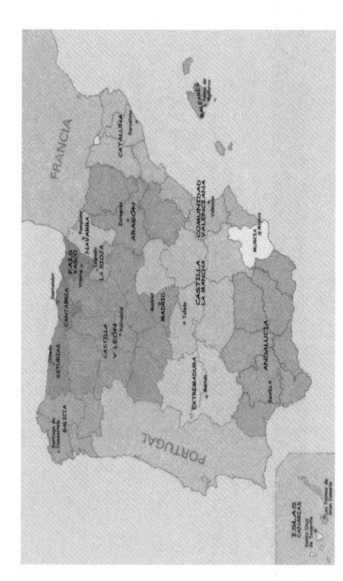

TEST DE CIUDADES HISPANAS

Puedes conocer ciudades hispanas

⌛ 15 minutos

Lee las descripciones de estas ciudades latinoamericanas a tu compañero. Si sabe de cuál se trata, gana un punto; si no, 0. Luego, escucha sus descripciones de ciudades españolas y trata de adivinar la ciudad.

Una de las ciudades más pobladas y la mayor concentración de hispanohablantes del mundo. Está construida sobre un antiguo lago.	Ciudad de México, México
Tiene 5 millones de habitantes. Está a unos 15 kilómetros del mar Caribe. Aquí nació Simón Bolívar, el libertador de América.	Caracas, Venezuela
Antigua capital de Brasil. Es famosa por sus turísticas playas, la estatua del Cristo Redentor y por un carnaval muy famoso.	Río de Janeiro, Brasil
Está junto al Río de la Plata, tiene casi 12 millones de habitantes. Es un importante centro económico y cultural.	Buenos Aires, Argentina
Tiene un moderno y funcional sistema de transporte urbano en el que se transportan sus 8 millones de habitantes. Aquí se encuentra el Museo del famoso escultor Fernando Botero.	Bogotá, Colombia
Es la ciudad más poblada del Caribe y una de las primeras ciudades españolas en América. Fundada en 1519 por Diego Velázquez. Es Patrimonio Cultural de la Humanidad y la ciudad natal de José Martí.	La Habana, Cuba
Está a orillas del océano Pacífico, fundada por el conquistador Francisco Pizarro en 1535. Es la quinta ciudad más poblada de América Latina.	Lima, Perú
Es la más antigua de todas las capitales sudamericanas y la capital más alta del mundo (2.880 m). Es Patrimonio Cultural de la Humanidad desde 1978.	Quito, Ecuador
Está muy cerca de la cordillera de los Andes, por eso tiene hermosas vistas y sus habitantes pueden practicar deportes de invierno. Es una de las ciudades más seguras de Latinoamérica.	Santiago, Chile
Está junto al Río de la Plata y es un gran puerto y centro comercial. Es la sede administrativa de Mercosur.	Montevideo, Uruguay

Total de aciertos de tu compañero: _____/10

¿Quién sabe más sobre las ciudades hispanas? ¿Tu compañero o tú?

TEST DE CIUDADES HISPANAS

Puedes conocer ciudades hispanas

15 minutos ⌛

Lee las descripciones de estas ciudades españolas a tu compañero. Si sabe de cuál se trata, gana un punto; si no, 0. Luego, escucha sus descripciones de capitales latinoamericanas y trata de adivinar la ciudad.

Es una ciudad española situada en el continente africano, en el estrecho de Gibraltar. Tiene 75.000 habitantes.	Ceuta
Es una ciudad muy turística en el noreste de España. Aquí hay muchas obras de Antonio Gaudí, como la Catedral de la Sagrada Familia.	Barcelona
Está en el sur del país, a 100 km del Estrecho de Gibraltar. Es famosa por sus playas. En esta ciudad nació Pablo Picasso.	Málaga
Está en el norte del país y es un centro de peregrinación muy importante para los católicos de todo el mundo.	Santiago de Compostela
Es la tercera ciudad española. Está junto al mar Mediterráneo. De aquí viene la paella, el plato español más conocido.	Valencia
Está en una isla, a 1.500 km de Madrid y a solo 100 de las costas de África. Su clima y su temperatura son paradisiacos.	Las Palmas
Está en el sur del país. Su casco antiguo y su famosa Giralda le han dado el título de Patrimonio Cultural de la Humanidad.	Sevilla
Es la ciudad más poblada de la Comunidad autónoma vasca y un gran centro industrial. Aquí está el famoso museo Guggenheim.	Bilbao
Está en el centro de España y es famosa por sus espadas. Tiene un hermoso casco antiguo, Patrimonio Cultural de la Humanidad.	Toledo
Esta ciudad es famosa porque aquí está una de las universidades más antiguas y prestigiosas de España. Está en el oeste del país.	Salamanca

Total de aciertos de tu compañero: _____/10

¿Quién sabe más sobre las ciudades hispanas? ¿Tu compañero o tú?

PIZZERÍA INTERNACIONAL

A

Puedes elegir los ingredientes de tu *pizza*

15 minutos

1. Este es el menú de la famosa pizzería Internacional.
Con tu compañero completa la lista de ingredientes.
¿Qué lleva la pizza...?

Italiana	Queso parmesano, tomate y aceitunas verdes
Hawaiana	
Americana	Champiñones, pimiento, cebolla, maíz, aceitunas y tomate
Griega	
Europea	Queso *mozarella*, queso parmesano, queso *gouda* y queso manchego
Brasileña	
Mexicana	Carne, cebolla, maíz, judías rojas, chile y salsa picante
Inglesa	
Rusa	Caviar y aceitunas negras
Japonesa	
China	Pato, jengibre y salsa de soja
Turca	
Portuguesa	Atún, anchoas y gambas
Española	
Holandesa	Cerdo, cebolla y queso extra
Noruega	
Alemana	Salchichón, salchichas y albóndigas
Húngara	
Estadounidense	*Bacon*, cebolla, queso y salsa barbacoa
Francesa	
Internacional	Elige tu propia *pizza* con cinco ingredientes

2. Elige qué *pizza* pides. Explica por qué
Yo quiero la pizza... porque me gusta...

3. Ahora, representa un diálogo por teléfono, llama a la pizerría
y pide la *pizza* de tu preferencia.

PIZZERÍA INTERNACIONAL

B

Puedes elegir los ingredientes de tu *pizza*

15 minutos

1. Este es el menú de la famosa pizzería Internacional.
Con tu compañero completa la lista de ingredientes.
¿Qué lleva la pizza...?

Italiana	
Hawaiana	Queso, jamón y piña
Americana	
Griega	Cebolla, tomate, aceitunas negras y queso feta
Europea	
Brasileña	Pollo, pimiento, tomate y maíz
Mexicana	
Inglesa	Jamón, champiñones y queso
Rusa	
Japonesa	Cangrejo, gambas y pescado
China	
Turca	Cordero, tomate, cebolla y salsa gyros
Portuguesa	
Española	Jamón, *bacon* y aceitunas
Holandesa	
Noruega	Atún, anchoas y salmón
Alemana	
Húngara	Pollo, pimiento rojo y queso
Estadounidense	
Francesa	Queso, champiñones, pimiento, tomate y queso
Internacional	Elige tu propia *pizza* con cinco ingredientes

2. Elige qué *pizza* pides. Explica por qué.
Yo quiero la pizza... porque me gusta...

3. Ahora, representa un diálogo por teléfono, llama
a la pizerría y pide la *pizza* de tu preferencia.

A

¿QUÉ HAY EN LA NEVERA?

Puedes describir los alimentos que hay

 10 minutos

Descubre con tu compañero las diferencias que hay entre tu imagen y la de tu compañero.

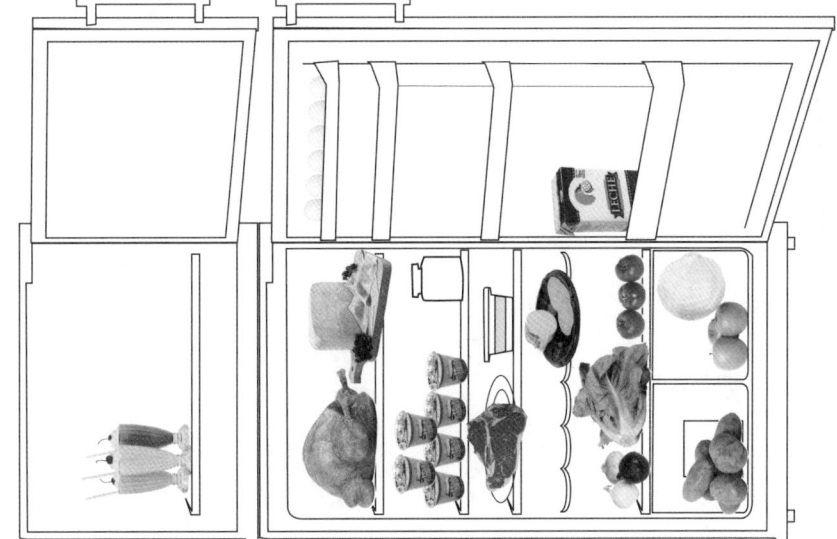

B

¿QUÉ HAY EN LA NEVERA?

Puedes describir los alimentos que hay

10 minutos

Descubre con tu compañero las diferencias que hay entre tu imagen y la de tu compañero.

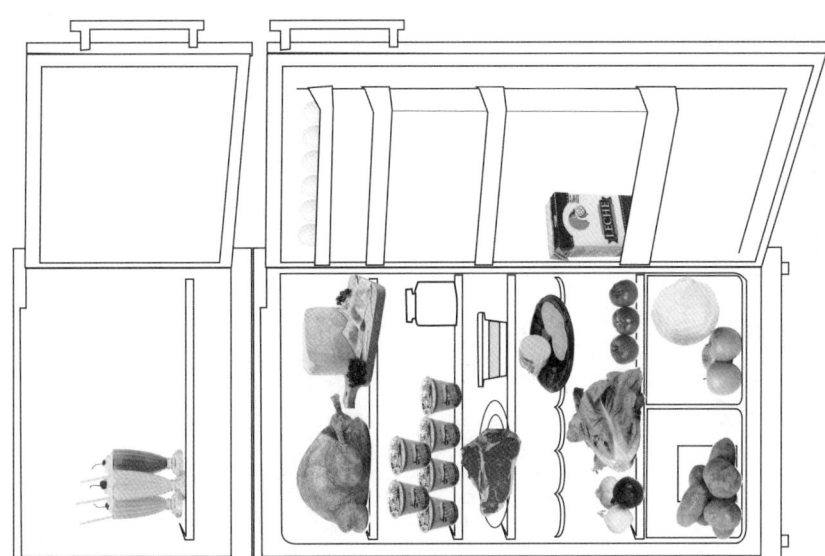

¿ERES BUEN COCINERO?

B

Puedes preparar un menú
 20 minutos

1. Prepara con tu compañero un menú. Escucha a tu compañero y dile qué ingredientes tienes de los que te pide. Después, escribe qué plato prepara y los ingredientes necesarios.

Alimentos	Lácteos	Verduras	Carnes	Pescados
Arroz	Queso	Ajo	Jamón	Sardinas
Chocolate	Mantequilla	Perejil	Carne de ternera o de cerdo	Salmón
Sal		Judías verdes		Gambas
Aceite			Pollo	Merluza
		Patatas		

Primer plato:

2. Ahora, tú preparas el segundo plato y el postre. Escribe qué ingredientes necesitas para hacerlos. Luego, pídele los ingredientes a tu compañero y marca los que tiene.
¿Tienes un kilo/un paquete de...?

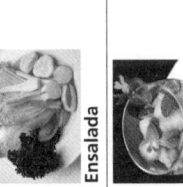

Ensalada

Macedonia de frutas

¿ERES BUEN COCINERO?

A

Puedes preparar un menú
 20 minutos

1. Prepara con tu compañero un menú.
Escribe qué ingredientes necesitas para hacer de primer plato paella.
Luego, pídele los ingredientes a tu compañero y marca los que tiene.
¿Tienes un kilo/un paquete de...?

Paella

2. Ahora, escucha a tu compañero y dile qué ingredientes tienes de los que te pide. Después, escribe qué platos prepara y los ingredientes necesarios.

Alimentos	Lácteos	Verduras	Pescados	Fruta
Chocolate	Leche	Lechuga	Atún	Plátano
Huevo	Queso	Tomate		Manzana
Azúcar	Mantequilla	Cebolla		Naranja
Sal	Yogur	Zanahorias		
Mayonesa	Helado	Patatas		
Pimienta				

Segundo plato:

Postre:

EN LA FRUTERÍA

B

Puedes comprar en una frutería
⏳ 15 minutos

Eres el dependiente de esta frutería. Tu compañero (tu cliente) habla contigo. Quiere comprar. Atiéndele lo mejor posible.

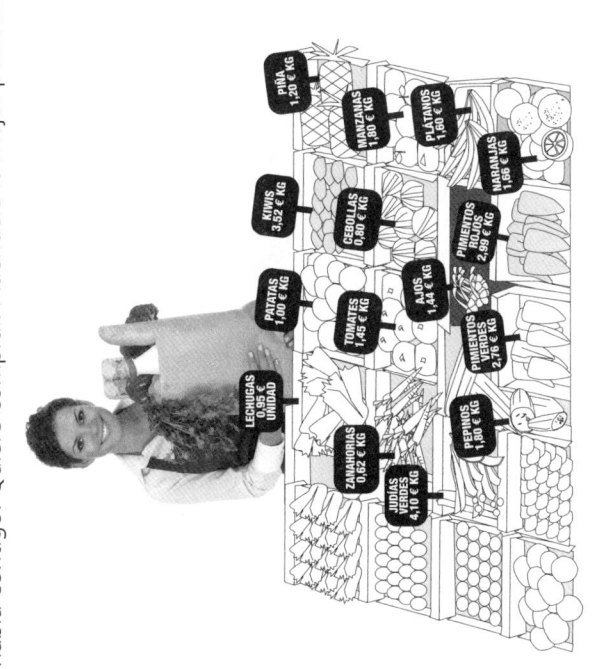

Para ayudarte:

1 kilo de cebollas son más o menos 4 cebollas
1 kilo de pepinos son más o menos 6 pepinos
1 piña pesa más o menos 1 Kg
1 kilo de ajos son más o menos 12 ajos
1 kilo de plátanos son más o menos 8 plátanos
1 kilo de kiwis son más o menos 8 kiwis

¿Cuál es el precio total de la compra?

EN LA FRUTERÍA

A

Puedes comprar en una frutería
⏳ 15 minutos

Esta es tu lista de la compra para preparar un gazpacho y una macedonia de fruta. Habla con tu compañero (el dependiente) y compra todo lo que necesitas. ¡Cuidado con los precios y las cantidades, solo tienes 7,50 euros!

Quería un kilo de / un... ¿Cuánto cuesta...?

1 Kg de tomates rojos
1 cebolla
1/4 Kg de pimientos verdes
1 pepino
1 ajo
1/2 Kg de naranjas
2 plátanos
1/4 Kg de manzanas
2 Kiwis
1 Piña

¿Has comprado todo lo que necesitas? ¿Cuánto has gastado?

EN UNA TIENDA DE ULTRAMARINOS

Puedes comprar alimentos en una tienda

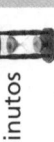 **B** 15 minutos

Hoy es Navidad y preparas unas tapas. Esta es tu lista de la compra para preparar una tortilla de patatas, unas tapas y un postre navideño. Habla con tu compañero (el dependiente) y compra todo lo que necesitas. ¡Cuidado con los precios y las cantidades, solo tienes 25,00 euros!

Quería un kilo de / un paquete de... ¿Cuánto cuesta...?

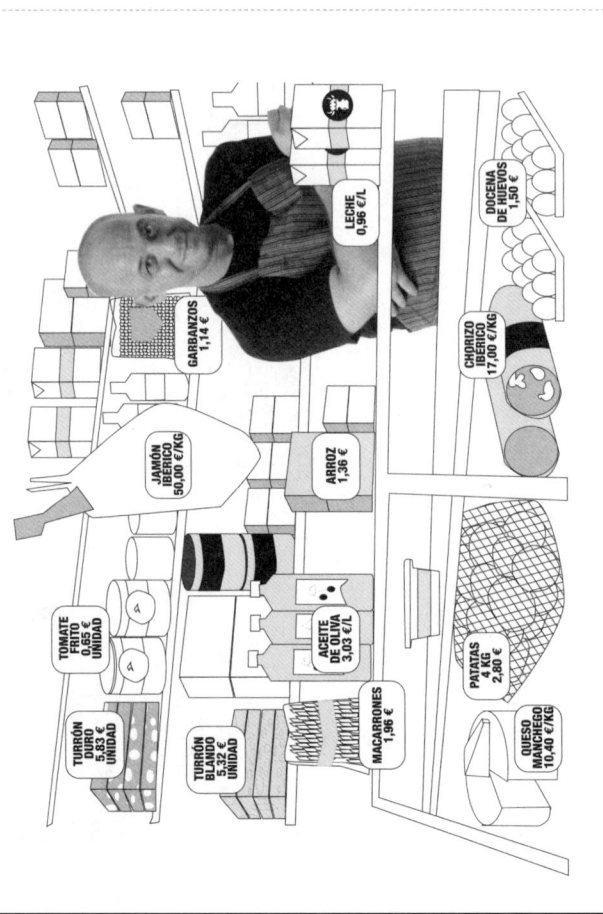

1/2 docena de huevos
1L de aceite de oliva
1 Kg de patatas
200 g de chorizo
150 g de jamón
1/4 de queso manchego
Turrón blando
Turrón duro

¿Has comprado todo lo que necesitas? ¿Cuánto has gastado?

EN UNA TIENDA DE ULTRAMARINOS

Puedes comprar alimentos en una tienda

 **A** 15 minutos

Eres el dependiente de esta tienda. Tu compañero (tu cliente) habla contigo. Quiere comprar. Atiéndele lo mejor posible.

¿Cuál es el precio total de la compra?

EN EL RESTAURANTE

B

Puedes elegir un menú en un restaurante

15 minutos

Eres el camarero del restaurante «Don Manolo».
Dirígete al cliente (tu compañero).
Si tiene alguna duda, aclárasela y sugiérele algún plato.

¿Qué va a tomar de primero?

ENSALADAS
- ☺ Ensalada César (lechuga, bacon y salsa de queso)
- Ensaladilla rusa (zanahorias, guisantes, maíz dulce, patatas, mayonesa)

SOPAS
- ☺ Sopa de setas (de champiñón)
- ☹ Gazpacho (sopa fría de tomates, pimientos, ajo y aceite de oliva)
- Consomé de pollo (sopa de pollo, con un poco de arroz)

CARNES
- ☺ Filete de ternera (200 gr de carne)
- Chuleta de cerdo (200 gr)
- Pollo asado

PESCADOS Y MARISCOS
- ☺ Merluza en salsa (pescado en salsa de perejil y ajo)
- Salmón a la plancha
- ☺ Gambas al ajillo (gambas con una salsa de aceite de oliva y ajo)

ESPECIALIDADES
- Paella (arroz, pimientos, tomates, guisantes, gambas y pollo)
- ☹ Cocido madrileño (sopa y después plato con carnes, verduras y garbanzos cocidos)

GUARNICIONES
- Arroz (blanco)
- Patatas fritas (sal y ketchup)
- Ensalada (lechuga, tomate, maíz dulce, zanahorias y cebolla)

POSTRES
- Macedonia de frutas (piña, pera, manzana, plátano y zumo de naranja)
- Helado (fresa, vainilla y chocolate)
- Tarta (de queso)

BEBIDAS
- Agua (mineral, con o sin gas)
- Refresco (cola, ☹ naranja, limón)
- Café (con o sin leche)
- Té (manzanilla)
- Chocolate (caliente)
- Vino (blanco, tinto, ☹ dulce)
- Cerveza (pequeña, grande)

☺ muy recomendable ☹ hoy no hay.

EN EL RESTAURANTE

A

Puedes elegir un menú en un restaurante

15 minutos

Estás en el restaurante «Don Manolo» y el camarero (tu compañero) te da el menú. Escoge lo que quieres comer y pídelo, si no estás seguro, puedes preguntar al camarero.

De primero voy a tomar...

Menú
CASA DON MANOLO

ENSALADAS
Ensalada César
Ensaladilla rusa

SOPAS
Sopa de setas
Gazpacho
Consomé de pollo

CARNES
Filete de ternera
Chuleta de cerdo
Pollo asado

PESCADOS Y MARISCOS
Merluza en salsa
Salmón a la plancha
Gambas al ajillo

ESPECIALIDADES
Paella
Cocido madrileño

GUARNICIONES
Arroz
Patatas fritas
Ensalada mixta

POSTRES
Macedonia de frutas
Helado
Tarta
...

BEBIDAS
Agua · Refrescos · Café · Té
Chocolate · Vino · Cerveza

CUESTIONARIO: TU DIETA

Puedes hablar de lo que comes normalmente

 15 minutos

 A

Hazle las siguientes preguntas a tu compañero y descubre si tiene una alimentación sana o no. Luego, contesta tú a las suyas.

1. ¿Cuántas comidas haces generalmente al día?

2. ¿A qué horas realizas las comidas? ¿Lo haces siempre a la misma hora?

3. De los siguientes tipos de alimentos, ¿cuál prefieres? Elige uno:
   la carne ... el pescado ... la verdura ... la fruta ... los cereales
   los lácteos ... el arroz y la pasta ... los frutos secos

4. ¿Cuál es tu comida favorita?

5. ¿Qué comida no te gusta?

6. ¿Qué desayunas normalmente?

7. ¿Qué cenas normalmente?

8. ¿Con qué bebida acompañas generalmente la comida?

9. ¿Generalmente comes en casa o fuera (en un restaurante)?

10. ¿Qué tipo de restaurante prefieres (italiano, español, chino, vegetariano, etc.)? ¿Por qué?

CUESTIONARIO: TU DIETA

Puedes hablar de lo que comes normalmente

15 minutos

B

Hazle las siguientes preguntas a tu compañero y descubre si tiene cultura gastronómica. Luego, contesta tú a las suyas.

1. ¿Cuál es tu plato preferido?

2. ¿Cuáles son sus ingredientes más importantes?

3. ¿Qué plato no te gusta nada? ¿Por qué?

4. ¿Quién cocina en tu casa? ¿Con qué frecuencia lo hace?

5. ¿Qué plato sabes cocinar muy bien?

6. ¿Generalmente comes en casa o fuera?

7. ¿Prefieres comer en casa o en restaurantes? ¿Por qué?

8. ¿Tienes un restaurante favorito? ¿Y un tipo de restaurante favorito? ¿Cuál?

9. ¿Conoces algún plato de la cocina española o hispanoamericana? ¿Cuál?

10. En tu opinión, ¿cuál es la mejor cocina del mundo?

¿QUÉ HORA ES?

A

Puedes decir la hora
15 minutos

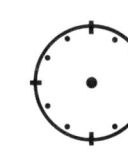

1. Marca en este reloj la hora a la que empiezas a hacer este ejercicio.

2. Dile a tu compañero las siguientes horas.
9:00 • 2:15 • 3:35 • 1:25 • 7:55 • 6:05 • 4:20 • 8:40 • 12:00 • 9:10

3. Escucha ahora a tu compañero y numera los relojes que te dice.

4. Piensa en una hora y márcala en tu reloj. Dísela a tu compañero. Después, escúchale y marca la hora. Por último, compara con tu compañero los dos relojes. ¿Marcan bien la hora?

Tu reloj	El reloj de tu compañero

5. Y ahora, ¿qué hora es?

¿QUÉ HORA ES?

B

Puedes decir la hora
15 minutos

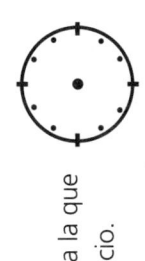

1. Marca en este reloj la hora a la que empiezas a hacer este ejercicio.

2. Escucha a tu compañero y numera los relojes que te dice.

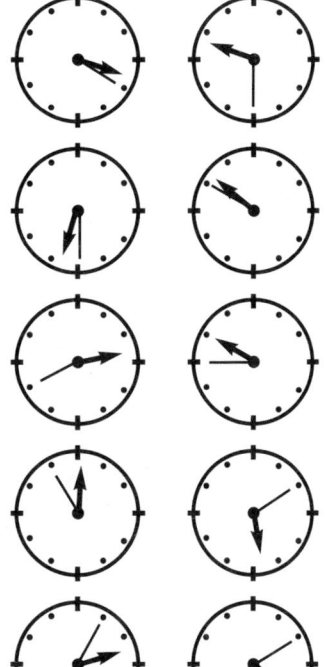

3. Dile ahora a tu compañero las siguientes horas.
7:25 • 9:45 • 5:20 • 12:45 • 1:00 • 3:10 • 6:35 • 8:25 • 5:55 • 1:05

4. Piensa en una hora y márcala en tu reloj. Dísela a tu compañero. Después, escúchale y marca la hora. Por último, compara con tu compañero los dos relojes. ¿Marcan bien la hora?

Tu reloj	El reloj de tu compañero

5. Y ahora, ¿qué hora es?

BINGO DE RELOJES

Puedes identificar la hora

15 minutos

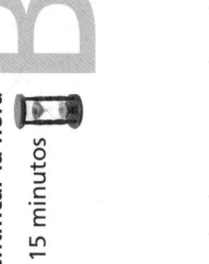

A

1. Escoge 15 horas de esta lista y díselas a tu compañero. ¿Cuánto tiempo tarda en hacer bingo?

> 4:30 • 9:21 • 2:15 • 8:43 • 5:00 • 3:17 • 5:20 • 10:20 • 4:18
> 11:55 • 8:50 • 12:30 • 9:45 • 7:13 • 11: 54 • 9:56 • 6:00 • 1:09
> 8:00 • 12:45 • 1:40 • 3:28 • 1:26 • 6:37 • 7:19

2. Ahora, escucha a tu compañero y marca las horas que oyes. ¿Cuánto tiempo tardas en hacer bingo? Quien tarda menos es el campeón.

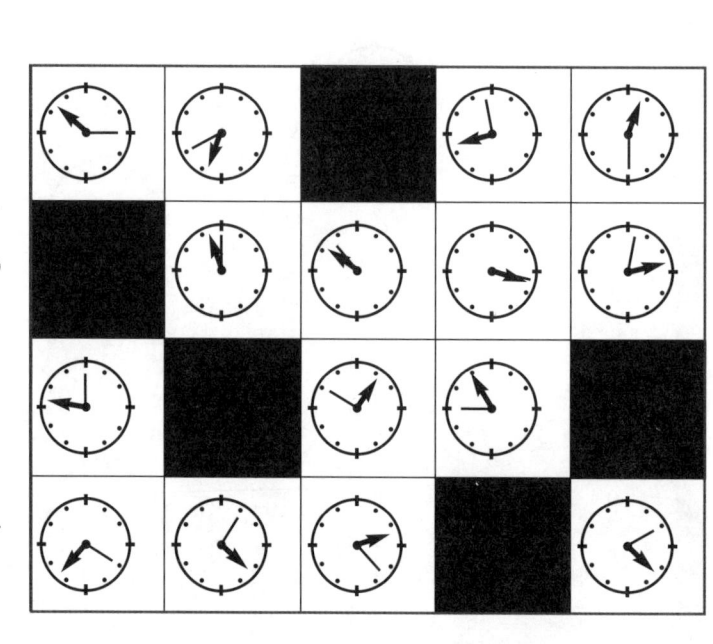

BINGO DE RELOJES

Puedes identificar la hora

15 minutos

B

1. Escucha a tu compañero y marca las horas que él te dice. ¿Cuánto tiempo tardas en hacer bingo?

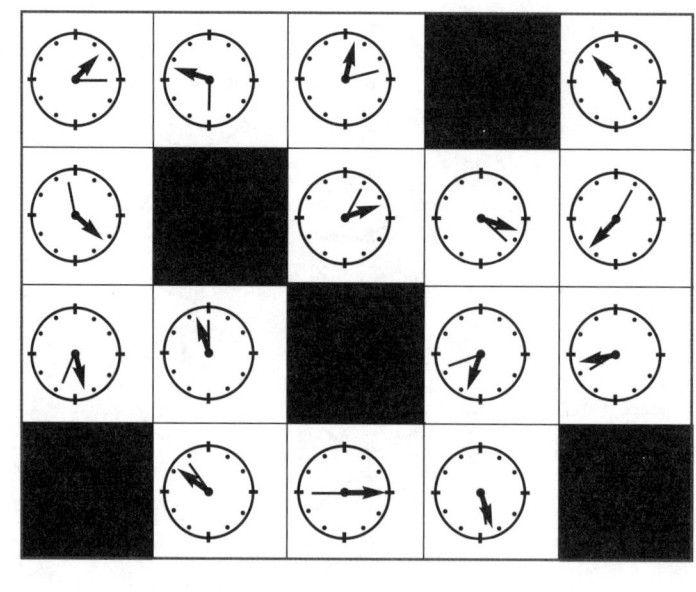

2. Escoge 15 horas de esta lista y díselas a tu compañero ¿Cuánto tiempo tarda en hacer bingo? Quien tarda menos es el campeón.

> 2:15 • 4:05 • 6:32 • 1:07 • 5:15 • 5:38 • 5:16 • 12:35 • 1:30 • 10:40
> 7:09 • 11:14 • 2:39 • 5:25 • 6:58 • 10:20 • 3:45 • 7:20 • 10:35 • 2:00
> 12:15 • 1:00 • 9:55 • 4:15 • 7:25

SI AQUÍ SON LAS..., ¿QUÉ HORA ES EN...?

B

Puedes decir la hora que es en un lugar

15 minutos

Observa el mapa de las zonas horarias, escucha las preguntas de tu compañero, calcula las horas y dale la respuesta.

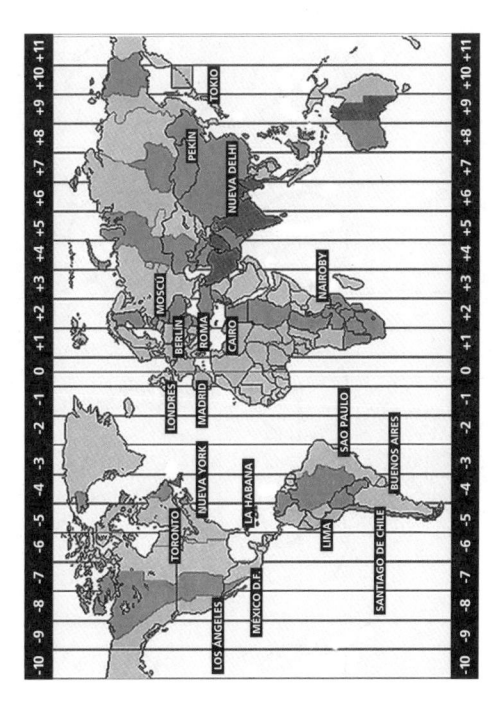

SI AQUÍ SON LAS..., ¿QUÉ HORA ES EN...?

A

Puedes decir la hora que es en un lugar

15 minutos

Pregunta a tu compañero y escribe la respuesta.

1. En Madrid, 13:20. ¿En Nueva York?

2. En Tokio, 22:10. ¿En México D.F.?

3. En Caracas, 1:30. ¿En Sao Paulo?

4. En Berlín, las 13:45. ¿En Moscú?

5. En Nueva Delhi, 15:50. ¿En Roma?

6. En Sidney, las 14:25. ¿En Santiago de Chile?

7. En Buenos Aires, 7:40. ¿En París?

8. En La Habana, 17:15. ¿En Caracas?

9. En Lima, 23:55. ¿En Londres?

10. En Nairobi, las 18:05. ¿En tu ciudad?

LAS HORAS Y ACTIVIDADES DIARIAS

B

Puedes indicar la hora a la que haces una actividad

15 minutos

Esto es lo que hace un español *típico* durante el día. Completa la información con la ayuda de tu compañero.
¿Qué hace a las siete menos veinticinco de la mañana? → **Se ducha.**

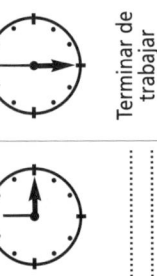
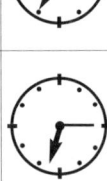

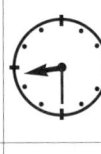

Tomar el metro o el autobús	Ducharse			
Comprar el periódico	Comer	Cenar	Limpiarse los dientes	Volver al trabajo
Volver a casa	Preparar la cena		Terminar de trabajar	

LAS HORAS Y ACTIVIDADES DIARIAS

A

Puedes indicar la hora a la que haces una actividad

15 minutos

Esto es lo que hace un español *típico* durante el día. Completa la información con la ayuda de tu compañero.
¿Qué hace a las diez y media de la mañana? → **Toma un segundo desayuno.**

Levantarse		Desayunar		Salir de casa
Salir del trabajo	Llegar al trabajo		Tomarse un segundo desayuno	
	Volver al trabajo	Tomar algo con amigos		
Ver la tele o leer un libro		Dormir		

EN EL AEROPUERTO DE BARAJAS

Puedes informarte e informar de los vuelos

 15 minutos

A

Estás en el aeropuerto de Barajas, en Madrid, el principal aeropuerto de España. Completa la siguiente tabla con ayuda de tu compañero.

¿De dónde viene el vuelo RG501? ¿A qué hora llega?

LLEGADAS

VUELO	PROCEDENTE DE	HORA DE LLEGADA
RG501	Río de Janeiro, BRASIL	10:55
AC126		
AM303	Cd. de México, MÉXICO	11:05
CU905		
AZ6789	Roma, ITALIA	11:16
LO700		
IB555	Barcelona, ESPAÑA	11:23
QF322		
LAN901	Santiago, CHILE	11:33
AA707		

SALIDAS

VUELO	CON DESTINO A	HORA DE SALIDA	PUERTA DE EMBARQUE
AV222			
AM809	Monterrey, MÉXICO	10:57	B23
SA502			
MS406	El Cairo, EGIPTO	11:05	A17
LH705			
CX1001	Tokio, JAPÓN	11:16	B19
US808			
BA404	Londres, Reino Unido	11:25	A33
TK302			
SU609	Moscú, RUSIA	11:37	C2

EN EL AEROPUERTO DE BARAJAS

Puedes informarte e informar de los vuelos

 15 minutos

B

Estás en el aeropuerto de Barajas, en Madrid, el principal aeropuerto de España. Completa la siguiente tabla con ayuda de tu compañero.

¿De dónde viene el vuelo RG501? ¿A qué hora llega?

LLEGADAS

VUELO	PROCEDENTE DE	HORA DE LLEGADA
RG501		
AC126	Montreal, CANADÁ	11:01
AM303		
CU905	La Habana, CUBA	11:12
AZ6789		
LO700	Varsovia, POLONIA	11:20
IB555		
QF322	Sidney, AUSTRALIA	11:29
LAN901		
AA707	Chicago, EE. UU.	11:39

SALIDAS

VUELO	CON DESTINO A	HORA DE SALIDA	PUERTA DE EMBARQUE
AV222	Bogotá, COLOMBIA	10:53	B24
AM809			
SA502	Johannesburgo, SUDÁFRICA	11:01	B40
MS406			
LH705	Berlín, ALEMANIA	11:12	A44
CX1001			
US808	Los Ángeles, EE. UU.	11:22	D17
BA404			
TK302	Ankara, TURQUÍA	11:30	C9
SU609			

A

DE MADRID A GERONA, IDA Y VUELTA

Puedes informarte de los horarios de trenes y elegir el mejor

15 minutos

Estás en Madrid y decides pasar un fin de semana en Gerona con tu compañero. Completa la información y, después, escoge la mejor opción.

VUELOS

	RUTA	HORA DE SALIDA	HORA DE LLEGADA	PRECIO
IBERIA	MADRID-BARCELONA	8:10		
		9:30	10:40	
			13:10	
		16:15	17:25	
IBERIA	BARCELONA-MADRID	9:55	11:05	
		13:55		
		18:10	19:20	
			23:55	

TRENES

	RUTA	HORA DE SALIDA	HORA DE LLEGADA	PRECIO
TALGO	MADRID-GERONA	22:00	9:20	43,10 €
AVE	MADRID-BARCELONA	7:00		
		8:00	10:43	
			17:38	
		17:00	19:38	
EXPRES	BARCELONA-GERONA	10:25	11:41	6,70 €
			12:56	
		15:55		
		18:55	17:13	
TALGO	GERONA-MADRID	20:42	7:21	43,10 €
EXPRES	GERONA-BARCELONA	9:03	10:16	6,70 €
			12:46	
		14:30	15:46	
		19:00		
AVE	BARCELONA-MADRID	8:00	11:23	124,30 €
		12:00	18:08	
		15:30	23:57	

B

DE MADRID A GERONA, IDA Y VUELTA

Puedes informarte de los horarios de trenes y elegir el mejor

15 minutos

Estás en Madrid y decides pasar un fin de semana en Gerona con tu compañero. Completa la información y, después, escoge la mejor opción.

VUELOS

	RUTA	HORA DE SALIDA	HORA DE LLEGADA	PRECIO
IBERIA	MADRID-BARCELONA	8:10	9:20	166 €
			10:40	
		12:00	13:10	
		16:15	17:25	
IBERIA	BARCELONA-MADRID	13:55	11:05	166 €
		18:10	15:05	
		22:45	23:55	

TRENES

	RUTA	HORA DE SALIDA	HORA DE LLEGADA	PRECIO
TALGO	MADRID-GERONA	7:00	9:43	43,10 €
AVE	MADRID-BARCELONA	15:00	10:43	124,30 €
		17:00	17:38	
			19:38	
EXPRES	BARCELONA-GERONA	10:25	12:56	
		11:25	17:13	
		18:55	20:15	
TALGO	GERONA-MADRID	20:42	7:21	43,10 €
EXPRES	GERONA-BARCELONA	9:03	12:46	
		11:15	15:46	
		19:00	20:16	
AVE	BARCELONA-MADRID	8:00	15:23	
		12:00	18:08	
		21:00	23:57	

EN LA ESTACIÓN CENTRAL

B Puedes manejarte en la oficina de información de una estación

 15 minutos

1. Trabajas en la estación de trenes. Atiende a tu compañero:

BILBAO (ABANDO) - MADRID (CHAMARTÍN)	TALGO	ALVIA
Hora de salida	8:55	17:10
Hora de llegada	15:00	22:08
Duración del recorrido	6 horas 5 min	4 horas 58 min
Andén	2, vía 1	3, vía 2
Cursa	Diario	LMXJV*
Precios	Niños: 31,75 € Turista 40,10 € 1ª Clase: 65,50 €	Niños: 42,10 € Turista 46,60 € 1ª Clase: 72,40 €
Prestaciones	Revista a bordo Vídeo y música por canal individual Servicio de cafetería	Control de acceso (cierre 2 min antes de la salida) Vídeo y música por canal individual Servicio de cafetería

* L=lunes M=martes X=miércoles J=jueves V=viernes S=sábado D=domingo

2. Ahora estás en Barcelona y quieres ir a Murcia con un niño. Vas a la oficina de información de la estación para comprar un billete. Te interesa saber:

1. El próximo tren a Murcia.
2. Hora y andén de salida.
3. Hora de llegada.
4. Precio.

EN LA ESTACIÓN CENTRAL

A Puedes manejarte en la oficina de información de una estación

15 minutos

1. Estás en Bilbao y quieres ir a Madrid. Vas a la oficina de información de la estación para comprar un billete. Te interesa saber:

1. El próximo tren a Madrid.
2. Hora y andén de salida.
3. Hora de llegada.
4. Precio.

2. Ahora, tú trabajas en la estación de trenes. Atiende a tu compañero:

BARCELONA (SANTS) - MURCIA (DEL CARMEN)	Tren Rápido	TALGO
Hora de salida	12:00	15:00
Hora de llegada	18:49	21:36
Duración del recorrido	6 horas 49 min	6 horas 36 min
Andén	1, vía 2	2, vía 2
Cursa	Diario	LXVS*
Precios	Niños: 29,65 € Turista 49,40 € 1ª Clase: 65,50 €	Niños: 29,65 € Turista 51,40 € 1ª Clase: 68,50 €
Prestaciones	Revista a bordo Vídeo y música por canal individual Servicio de cafetería	Control de acceso (cierre 2 min antes de la salida) Vídeo y música por canal individual Servicio de cafetería

* L=lunes M=martes X=miércoles J=jueves V=viernes S=sábado D=domingo

FICHA 1

¿QUÉ TIEMPO HACE HOY?

A

Puedes explicar el tiempo que hace hoy

⏳ 15 minutos

Completa la siguiente tabla con la ayuda de tu compañero.
¿Qué tiempo hace hoy en Berlín? → *En Berlín llueve mucho y...*

l. hace sol	☀	6. está nublado	
2. hace (mucho) viento		7. está (muy) nublado	
3. hace calor		8. llueve (mucho)	
4. hace frío		9. nieva (mucho)	
5. hace mucho frío		10. hay tormenta	

BERLÍN		ANKARA	
VIENA		NUEVA DELHI	
BRUSELAS		TOKIO	
ATENAS		PEKÍN	
ROMA		BUENOS AIRES	
MOSCÚ		WASHINGTON	
VARSOVIA		CIUDAD DE MÉXICO	
LISBOA		SANTIAGO	
ESTOCOLMO		EL CAIRO	
ÁMSTERDAM		JERUSALÉN	
BUDAPEST		CARACAS	
PRAGA		LIMA	
MADRID		BOGOTÁ	
BERNA		BRASILIA	

¿Qué tiempo hace hoy en tu ciudad?

FICHA 1

¿QUÉ TIEMPO HACE HOY?

Puedes explicar el tiempo que hace hoy

15 minutos ⏳

Completa la siguiente tabla con la ayuda de tu compañero.
¿Qué tiempo hace hoy en Berlín? → *En Berlín llueve mucho y...*

l. hace sol	☀	6. está nublado	
2. hace (mucho) viento		7. está (muy) nublado	
3. hace calor		8. llueve (mucho)	
4. hace frío		9. nieva (mucho)	
5. hace mucho frío		10. hay tormenta	

BERLÍN		ANKARA	
VIENA		NUEVA DELHI	
BRUSELAS		TOKIO	
ATENAS		PEKÍN	
ROMA		BUENOS AIRES	
MOSCÚ		WASHINGTON	
VARSOVIA		CIUDAD DE MÉXICO	
LISBOA		SANTIAGO	
ESTOCOLMO		EL CAIRO	
ÁMSTERDAM		JERUSALÉN	
BUDAPEST		CARACAS	
PRAGA		LIMA	
MADRID		BOGOTÁ	
BERNA		BRASILIA	

¿Qué tiempo hace hoy en tu ciudad?

13. TIEMPO ATMOSFÉRICO

PRONÓSTICO DEL TIEMPO

A

Puedes explicar el tiempo que va a hacer

15 minutos

Observa el mapa y escribe un texto explicando el tiempo que va a hacer hoy en Norte y Centroamérica.

En Nueva York va a nevar...

1. hace sol	☀	6. está nublado	
2. hace (mucho) viento		7. está (muy) nublado	
3. hace calor		8. llueve (mucho)	
4. hace frío		9. nieva (mucho)	
5. hace mucho frío		10. hay tormenta	

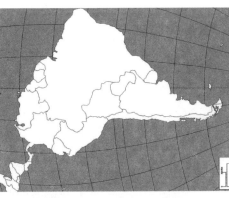

Dale el texto a tu compañero. Él te da un texto. Léelo y completa el mapa de Sudamérica con los símbolos atmosféricos.

---

13. TIEMPO ATMOSFÉRICO

PRONÓSTICO DEL TIEMPO

B

Puedes explicar el tiempo que va a hacer

15 minutos

Observa el mapa y escribe un texto explicando el tiempo que va a hacer hoy en Sudamérica.

En La Patagonia va a nevar...

1. hace sol	☀	6. está nublado	
2. hace (mucho) viento		7. está (muy) nublado	
3. hace calor		8. llueve (mucho)	
4. hace frío		9. nieva (mucho)	
5. hace mucho frío		10. hay tormenta	

Dale el texto a tu compañero. Él te da un texto. Léelo y completa el mapa de Norte y Centroamérica con los símbolos atmosféricos.

ACTIVIDADES DE FIN DE SEMANA

A

Puedes contar tus actividades de fin de semana

15 minutos

Marifer y José son muy diferentes. Compara un fin de semana típico en sus vidas y encuentra los puntos en común. Cuidado con los momentos del día (por la mañana, al mediodía, etc.) *El sábado por la mañana Marifer cocina.* ⟶ *Javier sale a correr.*

ACTIVIDADES DE FIN DE SEMANA

B

Puedes contar tus actividades de fin de semana

15 minutos

Marifer y José son muy diferentes. Compara un fin de semana típico en sus vidas y encuentra los puntos en común. Cuidado con los momentos del día (por la mañana, al mediodía, etc.). *El sábado por la mañana Marifer cocina.* ⟶ *Javier sale a correr.*

CUESTIONARIO: EL TRABAJO Y EL OCIO

A

Puedes contar y valorar tus actividades

 20 minutos

Hazle a tu compañero las siguientes preguntas y anota sus respuestas. Luego, responde tú a las suyas. ¿Hacéis muchas cosas parecidas?

1. ¿Estudia o trabaja?

2. ¿Cuántas horas al día trabaja o estudia?

3. ¿Cómo va normalmente al trabajo o la universidad / escuela?

4. ¿Trabaja o estudia muchos fines de semana? ¿Se lleva trabajo o tareas a casa?

5. Cuando no está en el trabajo o en clase, ¿piensa en ello?

6. ¿Tiene buenas relaciones con sus compañeros de trabajo o de clase?

7. ¿Le gusta su trabajo / sus clases o quiere cambiarlos?

8. ¿Qué actividades le gustan más y cuáles menos?

9. ¿Qué hace cuando tiene tiempo libre? ¿Cuáles son sus aficiones?

10. ¿Con qué frecuencia las practica?

CUESTIONARIO: EL TRABAJO Y EL OCIO

B

Puedes contar y valorar tus actividades

20 minutos

Hazle a tu compañero las siguientes preguntas y anota sus respuestas. Luego, responde tú a las suyas. ¿Hacéis muchas cosas parecidas?

1. ¿Cuántas horas duerme al día?

2. ¿Qué es lo que más le gusta hacer en su tiempo libre? ¿Con qué frecuencia lo hace?

3. ¿Cocina? ¿Cuándo?

4. ¿Qué actividades de la casa no hace nunca? ¿Por qué?

5. ¿Con qué frecuencia hace ejercicio? ¿Qué deporte practica?

6. ¿Va al cine, al teatro o a conciertos? ¿Con qué frecuencia?

7. ¿Come o cena fuera de casa, en un restaurante? ¿Con qué frecuencia lo hace?

8. ¿Con qué frecuencia se reúne con la familia? ¿En qué situaciones?

9. ¿Le gusta ir a museos o ver exposiciones? ¿Por qué?

10. ¿Qué hace en vacaciones? ¿Se va de viaje? ¿Dónde va normalmente?

LA FRECUENCIA

B

Puedes decir la frecuencia con la que haces tus actividades

20 minutos

Observa estas actividades, marca con una cruz la frecuencia con que las realizas. Luego, pregunta a tu compañero y marca sus respuestas con un círculo. ¿Qué actividades realizáis con la misma frecuencia?

Tú (X)   Tu compañero (O)

FRECUENCIA	Limpiar la casa	Ir a la montaña	Comer en un restaurante	Ir de compras	Pasar las vacaciones en casa	Ir al cine	Ir al médico	Nadar	Ver la tele	Subir a un avión	Ir a un concierto	Comprar un regalo
+ SIEMPRE												
Muy a menudo												
Frecuentemente												
Varias veces al día												
A diario / todos los días												
Un día sí y uno no												
2 o 3 veces por semana												
1 vez a la semana												
2 o 3 veces al mes												
Cada mes												
Algunas veces al año												
A veces												
De vez en cuando												
Raras veces												
Casi nunca												
− NUNCA												

LA FRECUENCIA

A

Puedes decir la frecuencia con la que haces tus actividades

20 minutos

Observa estas actividades, marca con una cruz la frecuencia con que las realizas. Luego, pregunta a tu compañero y marca sus respuestas con un círculo. ¿Qué actividades realizáis con la misma frecuencia?

Tú (X)   Tu compañero (O)

FRECUENCIA	Cocinar	Ir a la playa	Visitar a la familia	Ir a la peluquería	Viajar al extranjero	Leer un libro	Ir al dentista	Montar en bicicleta	Hacer la compra	Cambiar de coche	Ir al teatro	Comprar rosas
+ SIEMPRE												
Muy a menudo												
Frecuentemente												
Varias veces al día												
A diario / todos los días												
Un día sí y uno no												
2 o 3 veces por semana												
1 vez a la semana												
2 o 3 veces al mes												
Cada mes												
Algunas veces al año												
A veces												
De vez en cuando												
Raras veces												
Casi nunca												
− NUNCA												

¿Y TÚ QUÉ HACES SI...?

Puedes describir tus reacciones ante situaciones cotidianas

 20 minutos

A

Observa estas situaciones, escribe qué haces tú cuando estás en ellas. Luego, pregunta a tu compañero.

SITUACIÓN	TÚ	TU COMPAÑERO
Si es muy tarde y no te puedes dormir.		
Si te invitan a una fiesta y no quieres ir.		
Si alguien habla mucho y tú tienes prisa.		
Si alguien te pide dinero por la calle.		
Si te quedas dormido y ya es demasiado tarde para llegar al trabajo o a la escuela.		
Si en el trabajo o en la escuela te das cuenta de que tu cartera está en casa.		
Si te llaman a la hora de la siesta.		
Si...		

¿En qué situaciones reaccionáis igual?

¿Y TÚ QUÉ HACES SI...?

Puedes describir tus reacciones ante situaciones cotidianas

 20 minutos

B

Observa estas situaciones, escribe qué haces tú cuando estás en ellas. Luego, pregunta a tu compañero.

SITUACIÓN	TÚ	TU COMPAÑERO
Si por la calle un reportero te quiere hacer unas preguntas para el radio o la televisión.		
Si tu teléfono se queda sin batería.		
Si recibes un *e-mail* divertido.		
Si tus invitados no se van de casa y tú ya quieres dormir.		
Si en la calle ves que tu ropa está manchada o rota.		
Si te preguntan algo que no quieres responder.		
Si estás haciendo cola y ves que alguien se mete.		
Si...		

¿En qué situaciones reaccionáis igual?

NEGOCIANDO QUÉ HACER

B

Puedes proponer, aceptar y rechazar propuestas

25 minutos

Observa estas situaciones, proponle a tu compañero cada actividad y trata de convencerle de tu propuesta o de llegar a un acuerdo. Antes, escribe tus argumentos si así lo prefieres.

SITUACIÓN	ARGUMENTOS
1. Te encanta el teatro y hoy hay una excelente obra.	
2. Quieres ir al cine a ver una película de ciencia-ficción.	
3. Hoy los amigos van a ir al mejor bar de la ciudad, se lo van a pasar muy bien.	
4. El próximo fin de semana quieres ir a la montaña.	
5. Quieres ir a la disco y bailar toda la noche.	
6. Quieres cocinar tu plato favorito y comer en casa.	
7. Tu cantante favorito está hoy en concierto, es el último día y no puedes perdértelo.	
8. Te encanta el deporte, y este fin de semana quieres jugar un buen partido de tenis.	

NEGOCIANDO QUÉ HACER

A

Puedes proponer, aceptar y rechazar propuestas

25 minutos

Observa estas situaciones, proponle a tu compañero cada actividad y trata de convencerle de tu propuesta o de llegar a un acuerdo. Antes, escribe tus argumentos si así lo prefieres.

SITUACIÓN	ARGUMENTOS
1. Tienes poco dinero y por eso prefieres quedarte hoy en casa.	
2. Quieres ir al cine a ver una película de terror.	
3. No te gusta mucho el ruido. Quieres ir a un lugar tranquilo para charlar con tu compañero.	
4. El próximo fin de semana quieres ir a la playa.	
5. Quieres comprar unas pizzas y alquilar un vídeo.	
6. Quieres ir a comer a tu restaurante favorito.	
7. Hoy es la despedida de Santiago, un amigo común, es la última oportunidad para despedirse de él.	
8. Conoces por un amigo un excelente lugar para pescar, tú quieres ir a probarlo este fin de semana.	

PLANES PARA EL FIN DE SEMANA

A

Puedes hablar de planes y proyectos

10 minutos

¿Qué van a hacer estas personas el fin de semana? Completa la tabla con la ayuda de tu compañero.

¿Qué va a hacer Isabel el fin de semana? → *Va a nadar.*

Isabel	Nadar
Ana	
Luis y su hermano	Ir de excursión a la montaña
Cristóbal y Juan	
La doctora	Dormir mucho
Jorge e Iván	
El hijo de Salvador	Estudiar y hacer sus deberes
Mónica y Max	
Miguel y Eva	Salir de compras
Los profesores	
Magda	Leer una buena novela
Fermín y Javier	
La madre de Paulina	Viajar a París
Rubén y su familia	
David	Ir a un museo
Margarita	
Alicia y Víctor	Limpiar el coche
Carlos y Elena	
La hija de Susana	Nada especial
Sebastián y su novia	
TÚ	
TU COMPAÑERO	

FICHA 6

14. TIEMPO LIBRE

PLANES PARA EL FIN DE SEMANA

B

Puedes hablar de planes y proyectos

10 minutos

¿Qué van a hacer estas personas el fin de semana? Completa la tabla con la ayuda de tu compañero.

¿Qué va a hacer Isabel el fin de semana? → *Va a nadar.*

Isabel	
Ana	Quedarse en casa y ver una película
Luis y su hermano	
Cristóbal y Juan	Ir a un concierto
La doctora	
Jorge e Iván	Salir con sus amigos e ir a una discoteca
El hijo de Salvador	
Mónica y Max	Limpiar la casa
Miguel y Eva	
Los profesores	Corregir los exámenes
Magda	
Fermín y Javier	Jugar al fútbol
La madre de Paulina	
Rubén y su familia	Montar en bicicleta
David	
Margarita	Llamar a su padres
Alicia y Víctor	
Carlos y Elena	Ir al gimnasio
La hija de Susana	
Sebastián y su novia	Cocinar
TÚ	
TU COMPAÑERO	

14. TIEMPO LIBRE

¿A QUÉ HORA QUEDAMOS?

A **Puedes hablar de tus planes y quedar**

10 minutos

Completa la siguiente agenda con las actividades que piensas realizar esta semana (puedes inventar datos). Luego, charla con tu compañero para encontrar un momento y lugar adecuados para reuniros durante la semana.

¿Qué vas a hacer el lunes a las 8:00? ⟶ **Voy a...**

MARZO..

21 lunes

24 jueves

22 martes

25 viernes

23 miércoles

26 sábado / 27 domingo

¿A QUÉ HORA QUEDAMOS?

Puedes hablar de tus planes y quedar

10 minutos **B**

14. TIEMPO LIBRE

Completa la siguiente agenda con las actividades que piensas realizar esta semana (puedes inventar datos). Luego, charla con tu compañero para encontrar un momento y lugar adecuados para reuniros durante la semana.

¿Qué vas a hacer el lunes a las 8:00? ⟶ **Voy a...**

MARZO..

21 lunes

24 jueves

22 martes

25 viernes

23 miércoles

26 sábado / 27 domingo

A

LA GUÍA DEL OCIO

Puedes informarte de la oferta de ocio

15 minutos

Aquí tienes la *Guía del Ocio*, un popular periódico sobre los espectáculos. Algunos datos se han borrado; complétalos junto con tu compañero y, luego, decidid a qué espectáculo vais y cuándo.

CINE

EL HOMBRE ARAÑA 3
Género: acción Producción: EE. UU, 2007
Duración: 2h
Cine: Hermanos Lumiere
Funciones: 15:00, 18:00 y 21:00
Clasificación: Adolescentes y adultos
Precio: 7 €

BABEL
Género: Drama Producción: México, 2006
Duración: 2 h 23 min
Cine:
Funciones: 14:15, 16:50 y 19:30
Clasificación: Adolescentes y adultos
Precio: 6,50 €

TEATRO

MADAME BUTTERFLY
Autor: Giacomo Puccini
Género: Ópera
Director:
Teatro: Teatro Real de Madrid
Fechas: Jueves y sábados.   h
Precio: 150, 90 y 25 €

ROMEO Y JULIETA
Autor:
Género: Drama
Director: Oscar Korsunovas
Teatro: Teatro de la Abadía,
Fechas: Viernes y domingos, 19:30 h
Precio: 23,   y 17 €

CONCIERTOS

NACHA POP
Tipo: en español.
Lugar: Auditorio Municipal de
Fecha: Viernes y sábado, 19:00 h
Artista invitado: México.
Precio: 60 €

RICKY MARTIN
Tipo: Salsa latina
Lugar: Salón de Conciertos de
Fecha: Viernes y sábado,
Precio: 80 €

FLAMENCO

CARMEN
Autor: G. Bizet
Género: Baile y cante flamencos
Director:
Teatro: Teatro Grande de Madrid
Fechas: 19:00 h, sábados
       y 20:00 h
Precio: 90 y 70 €

NOCHE FLAMENCA
Género: toque, cante y   flamencos
Director: Martina Gómez
Lugar:
Fechas: Jueves, viernes y sábados, 20:30 h
Precio: €

B

LA GUÍA DEL OCIO

Puedes informarte de la oferta de ocio

15 minutos

Aquí tienes la *Guía del Ocio*, un popular periódico sobre los espectáculos. Algunos datos se han borrado; complétalo junto con tu compañero y, luego, decidid a qué espectáculo vais y cuándo.

CINE

EL HOMBRE ARAÑA 3
Género: acción Producción:
Duración: 2 h 36min
Cine:
Funciones: 15:00, 18:00 y 21:00
Clasificación: Adolescentes y adultos
Precio: 7 €

BABEL
Género: Producción: México, 2006
Duración:
Cine: Cinépolis
Funciones: 14:15, 16:50 y 19:30
Clasificación: Adolescentes y adultos
Precio: €

TEATRO

MADAME BUTTERFLY
Autor: Giacomo Puccini
Género:
Director: Plácido Domingo
Teatro:
Fechas: Jueves y sábados, 20:00 h
Precio: 150,   y 25 €

ROMEO Y JULIETA
Autor: William Shakespeare
Género:
Director: Oscar Korsunovas
Teatro: Madrid
Fechas: Viernes y domingos,
Precio: 23, 20 y 17 €

CONCIERTOS

NACHA POP
Tipo: rock pop en español.
Lugar: Auditorio   Málaga
Fecha: Viernes y sábado,   h
Artista invitado: Caifanes,
Precio: 60 €

RICKY MARTIN
Tipo:
Lugar: Salón de Conciertos de Valencia
Fecha: Viernes y sábado, 20:00 h
Precio: €

FLAMENCO

CARMEN
Autor: G. Bizet
Género:
Director: Cristóbal Díaz
Teatro: Teatro Grande de Madrid
Fechas: Viernes   sábados
18:00 y
Precio: 90 y   €

NOCHE FLAMENCA
Género: y baile flamencos
Director:
Lugar: Tablao de Sevilla
Fechas: Jueves, viernes
Precio: 40 €

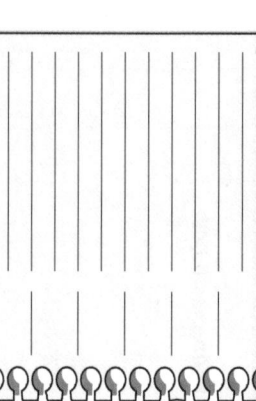

¿QUEDAMOS?

A 15 minutos

Puedes planear tu fin de semana

15 minutos

Vas a planear un fin de semana en Barcelona junto con tu compañero. Primero, lee las opciones que se te presentamos (tu compañero tiene otras), luego, ponte de acuerdo en cuanto a lugares, horas, intereses y gustos en común. ¿Qué vais a hacer?

CINE IMAX

Pantalla gigante.
Películas en 3D (tres dimensiones)

MICROCOSMOS
Sábados y domingos:
11:00, 12:30, 14:00 y 15:30

LOS INVENTOS CHINOS
Sábados 18:15 y 20:00
Domingos: 13:30, 14:15 y 16:00

FONDO MARINO
Sábados 12:00, 17:30 y 19:50
Domingos 16:45, 18:30 y 20:15
Precio: 8 € / estudiantes 6
<M> Barceloneta

MUSEOS

MUSEO DEL FÚTBOL CLUB BARCELONA
Lugar: estadio de fútbol Camp Nou
Horario: de martes a sábado de 10:00 a 18:00 y domingos de 10:00 a 14:00.
Lunes cierra. 6 €

ACUARIO
El acuario más grande de Europa y uno de los más modernos de todo el mundo. Más de 8 mil ejemplares de 300 especies distintas.
Horario: Lunes a sábado de 10:00 a 14:30
21:00 Domingos: 10:00 a 14:30
Precio: 10 € (estudiantes: 6)

GAUDÍ

LA SAGRADA FAMILIA
Catedral inacabada.
Misas: lunes a domingo 7:00, 8:00, 18:00 y 19:00 horas.

CASA MILÁ (LA PEDRERA)
Una de las obras más conocidas del artista. Visitas solo con guía.
Paseo de Gracia 92

PARQUE GÜELL
Abierto todos los días de 10:00 a 20:00
Casa-Museo Gaudí (de 10:00 a 19:00)
Casa en la que vivió el artista de 1906 a 1925. Objetos originales

ITINERARIO

HORA	QUÉ / DÓNDE

¿QUEDAMOS?

B 15 minutos

Puedes planear tu fin de semana

15 minutos

Vas a planear un fin de semana en Barcelona junto con tu compañero. Primero, lee las opciones que se te presentamos (tu compañero tiene otras), luego, ponte de acuerdo en cuanto a lugares, horas, intereses y gustos en común. ¿Qué vais a hacer?

RESTAURANTES

CASA DON MANOLO
Cocina típica española: Paella, tortilla, gazpacho, cocido madrileño. Terraza. Fines de semana: música en directo.
$$. Aparcamiento gratuito.

TAPAS Y VINOS
Amplia variedad de vinos españoles acompañados con un surtido de más de 50 tapas.
$ <M> Girona

LA CHURRERÍA
Acompañe los mejores churros de Barcelona con un exquisito chocolate caliente. Abierto las 24h.
<M> Sagrada Familia

DIVERSIÓN

BARRIO GÓTICO
Centro de la ciudad vieja y corazón de la vida cultural de la ciudad. Sus calles trazadas a manera de laberinto acogen la Catedral y otros edificios de la edad media. Amplia oferta gastronómica, cafeterías, tiendas, restaurantes.

MAREMAGNUM
Si eres amante de la diversión hasta altas horas de la noche, no te puedes perder este lugar. Una amplia y variada oferta de locales para todos los gustos musicales. Abierto hasta el último cliente.

AL AIRE LIBRE

LA PLAYA
La playa de Barcelona es limpia y goza de sol y buen tiempo durante la mayor parte del año. Un lugar ideal para descansar, broncearse, jugar o disfrutar de uno de los atardeceres más bellos de la península.

LAS RAMBLAS
La avenida más conocida de Barcelona, famosa por sus tiendas y quioscos, bares al aire libre, edificios de gran belleza arquitectónica y un ambiente ideal para pasear y observar a la gente desde una de sus multiples cafeterías.

ITINERARIO

HORA	QUÉ / DÓNDE

B

CONJUGACIONES REGULARES

Puedes usar los verbos en presente

15 minutos

Escucha a tu compañero y marca las casillas del primer cuadro para descubrir su dibujo. Después, describe el segundo dibujo a tu compañero. Para ello, díctale las casillas negras conjugando el verbo en presente en la persona adecuada.

Bailar (yo) → **bailo**

	USTEDES	VOSOTROS	NOSOTROS	USTED	TÚ	YO
Bailar						
Aprender						
Abrir						
Comprar						
Vender						
Escribir						
Preguntar						
Responder						
Subir						
Bajar						
Romper						
Vivir						
Cantar						
Leer						
Describir						
Desayunar						
Comer						
Descubrir						
Cenar						
Beber						
Recibir						
Dibujar						
Correr						
Decidir						

A

CONJUGACIONES REGULARES

Puedes usar los verbos en presente

15 minutos

Describe el siguiente dibujo a tu compañero. Para ello, díctale las casillas negras conjugando el verbo en presente en la persona adecuada. Después, escucha a tu compañero y marca las casillas del segundo cuadro para descubrir su dibujo.

Bailar (yo) → **bailo**

	USTEDES	VOSOTROS	NOSOTROS	USTED	TÚ	YO
Bailar						
Aprender						
Abrir						
Comprar						
Vender						
Escribir						
Preguntar						
Responder						
Subir						
Bajar						
Romper						
Vivir						
Cantar						
Leer						
Describir						
Desayunar						
Comer						
Descubrir						
Cenar						
Beber						
Recibir						
Dibujar						
Correr						
Decidir						

FICHA 2

CONJUGACIONES IRREGULARES

A

Puedes usar los verbos irregulares en presente

⏳ 15 minutos

Describe el siguiente dibujo a tu compañero. Para ello, díctale las casillas negras conjugando el verbo en presente en la persona adecuada. Después, escucha a tu compañero y marca las casillas del segundo cuadro para descubrir su dibujo.

Bailar (yo) ⟶ **bailo**

Ser
Saber
Ir
Poner
Estar
Dar
Querer
Dormir
Tener
Pensar
Sentir
Poder

YO · TÚ · USTED · NOSOTROS · VOSOTROS · USTEDES

Pedir
Jugar
Contar
Oír
Soñar
Cerrar
Preferir
Venir
Decir
Hacer
Seguir
Vestir

FICHA 2

CONJUGACIONES IRREGULARES

B

Puedes usar los verbos irregulares en presente

15 minutos ⏳

Escucha a tu compañero y marca las casillas del primer cuadro para descubrir su dibujo. Después, describe el segundo dibujo a tu compañero. Para ello, díctale las casillas negras conjugando el verbo en presente en la persona adecuada.

Bailar (yo) ⟶ **bailo**

Ser
Saber
Ir
Poner
Estar
Dar
Querer
Dormir
Tener
Pensar
Sentir
Poder

YO · TÚ · USTED · NOSOTROS · VOSOTROS · USTEDES

Pedir
Jugar
Contar
Oír
Soñar
Cerrar
Preferir
Venir
Decir
Hacer
Seguir
Vestir

UN POCO DE TEATRO

B

Puedes descubrir actividades

15 minutos

Representa con mímica los siguientes verbos, tu compañero tiene que adivinarlos y conjugarlos en la persona: 1 (yo), 2 (tú), 3 (él), 4 (nosotros), 5 (vosotros) y 6 (ellos). Los números represéntalos con la mano. Por último, escribe el verbo en la columna correspondiente.

REPRESENTA	ANOTA LOS VERBOS DE TU COMPAÑERO
Conducir (yo)	
Cerrar (nosotros)	
Ducharse (tú)	
Sentarse (él)	
Acostarse (vosotros)	
Despedirse (tú)	
Saludar (nosotros)	
Buscar (él)	
Volar (tú)	
Jugar (vosotros)	
Doler (él)	
Vestirse (ellas)	
Oler (tú)	
Reírse (vosotros)	
Morir (ellos)	
Dibujar (él)	
Sentir (tú)	
Bañarse (yo)	
Comer (vosotros)	
Beber (él)	

UN POCO DE TEATRO

A

Puedes descubrir actividades

15 minutos

Representa con mímica los siguientes verbos, tu compañero tiene que adivinarlos y conjugarlos en la persona: 1 (yo), 2 (tú), 3 (él), 4 (nosotros), 5 (vosotros) y 6 (ellos). Los números represéntalos con la mano. Por último, escribe el verbo en la columna correspondiente.

REPRESENTA	ANOTA LOS VERBOS DE TU COMPAÑERO
Despertarse (tú)	
Afeitarse (ellos)	
Pensar (yo)	
Dormir (él)	
Vestirse (vosotros)	
Levantarse (nosotros)	
Maquillarse (tú)	
Peinarse (yo)	
Bailar (vosotros)	
Cantar (nosotros)	
Cocinar (tú)	
Escuchar (ellos)	
Estudiar (yo)	
Llover	
Escribir (vosotros)	
Sonreír (nosotros)	
Llorar (yo)	
Tocar (tú)	
Correr (vosotros)	
Aburrirse (nosotros)	
Lavarse los dientes (él)	

¿QUÉ ESTÁN HACIENDO?

B

Puedes descubrir una escena

15 minutos

Encuentra 7 diferencias entre esta imagen y la imagen de tu compañero.

Hay un hombre que está leyendo. → *En mi dibujo está durmiendo.*

¿QUÉ ESTÁN HACIENDO?

A

Puedes descubrir una escena

15 minutos

Encuentra 7 diferencias entre esta imagen y la imagen de tu compañero.

Hay un hombre que está leyendo. → *En mi dibujo está durmiendo.*

PUES TÚ ESTÁS...

A

Puedes adivinar lo que está haciendo alguien

⏳ 10 minutos

1. Observa a tu compañero y adivina qué actividad está haciendo.
¡Estás comiendo!

1–	6–
2–	7–
3–	8–
4–	9–
5–	10–

2. Ahora, representa con mímica los siguientes verbos. Tu compañero tiene que adivinar qué estás haciendo.

1– afeitarse	6– quitarse los zapatos
2– lavarse las manos	7– bailar
3– levantarse	8– vestirse
4– conducir	9– dormir
5– ponerse la corbata	10– nadar

PUES TÚ ESTÁS...

B

Puedes adivinar lo que está haciendo

10 minutos ⏳

1. Representa con mímica los siguientes verbos. Tu compañero tiene que adivinar qué estás haciendo.

1– leer	6– pensar
2– escribir	7– desvestirse
3– hablar por teléfono	8– despertarse
4– ver la televisión	9– ponerse un sombrero
5– tocar el piano	10– probarse la ropa

2. Ahora, observa a tu compañero y adivina qué actividad está haciendo.

1–	6–
2–	7–
3–	8–
4–	9–
5–	10–

FICHA 1

PREFIJOS TELEFÓNICOS INTERNACIONALES

A

Puedes llamar por teléfono al extranjero

⏳ 15 minutos

¿Conoces el prefijo telefónico de larga distancia de tu país? ¿Y el de tu ciudad? Aquí tienes una lista, complétala con la ayuda de tu compañero. ¿Qué número tienes que marcar para llamar a...? ¿Cuál es el prefijo de...?
El prefijo de Ankara, Turquía, es el 0090-312.

CIUDAD	PREFIJO TELEFÓNICO	CIUDAD	PREFIJO TELEFÓNICO
Buenos Aires, Argentina	0054-11	Toronto, Canadá	
Melbourne, Australia		Bogotá, Colombia	0057-1
Viena, Austria	0043-1	La Habana, Cuba	
Bruselas, Bélgica		Lisboa, Portugal	00351-21
La Paz, Bolivia	00591-2	Rabat, Marruecos	
Río de Janeiro, Brasil		Cd. de México, México	0052-55
Santiago, Chile	0056-2	Mónaco, Mónaco	
Pekín, China		Berlín, Alemania	0049-30
Copenhague, Dinamarca	0045	Oslo, Noruega	
El Cairo, Egipto		Lima, Perú	0051-1
Quito, Ecuador	00593-2	San Juan, Puerto Rico	
Manila, Filipinas		Moscú, Rusia	007-495
Helsinki, Finlandia	00358-9	Nueva York, EE. UU.	
París, Francia		Ginebra, Suiza	0041-22
Atenas, Grecia	0030-21	Estocolmo, Suecia	
Madrid, España		Montevideo, Uruguay	00598-2
Ámsterdam, Países Bajos	0031-20	Caracas, Venezuela	
Dublín, Irlanda		Budapest, Hungría	0036-1
Jerusalén, Israel	00972-2	Londres, Reino Unido	
Tokio, Japón		Roma, Italia	0039-06

PREFIJOS TELEFÓNICOS INTERNACIONALES

B

Puedes llamar por teléfono al extranjero

15 minutos ⏳

¿Conoces el prefijo telefónico de larga distancia de tu país? ¿Y el de tu ciudad? Aquí tienes una lista, complétala con la ayuda de tu compañero. ¿Qué número tienes que marcar para llamar a...? ¿Cuál es el prefijo de...?
El prefijo de Ankara, Turquía, es el 0090-312.

CIUDAD	PREFIJO TELEFÓNICO	CIUDAD	PREFIJO TELEFÓNICO
Buenos Aires, Argentina		Toronto, Canadá	001-416
Melbourne, Australia	0061-3	Bogotá, Colombia	
Viena, Austria		La Habana, Cuba	0053-7
Bruselas, Bélgica	0032-2	Lisboa, Portugal	
La Paz, Bolivia		Rabat, Marruecos	00212-5
Río de Janeiro, Brasil	0055-21	Cd. de México, México	
Santiago, Chile		Mónaco, Mónaco	00372
Pekín, China	0086-10	Berlín, Alemania	
Copenhague, Dinamarca		Oslo, Noruega	0047
El Cairo, Egipto	0020-2	Lima, Perú	
Quito, Ecuador		San Juan, Puerto Rico	001787
Manila, Filipinas	0063-2	Moscú, Rusia	
Helsinki, Finlandia		Nueva York, EE. UU.	001-212
París, Francia	0033	Ginebra, Suiza	
Atenas, Grecia		Estocolmo, Suecia	0046-8
Madrid, España	0034-91	Montevideo, Uruguay	
Ámsterdam, Países Bajos		Caracas, Venezuela	0058-212
Dublín, Irlanda	00353-1	Budapest, Hungría	
Jerusalén, Israel		Londres, Reino Unido	0044-20
Tokio, Japón	0081-3	Roma, Italia	

¿DÓNDE PASAR TUS VACACIONES?

A Puedes elegir dónde quieres viajar
20 minutos

Decide con tu compañero dónde pasar unas vacaciones.
Para ello, completa primero la tabla y luego decide con él a qué país queréis viajar.

¿Qué atractivos tiene viajar a Suiza? → **Se puede esquiar, ...**

PAÍS	ATRACTIVOS	INCONVENIENTES
SUIZA	Se puede esquiar. Vistas espectaculares. Ciudades muy limpias y seguras.	
GRECIA		En temporada alta hay demasiados turistas.
AUSTRALIA		Desde Europa y América, el billete es muy caro.
EE. UU.	Parques de diversiones, ciudades modernas. Muchos centros comerciales.	
BRASIL		Algunas zonas son peligrosas para los turistas.
ITALIA	Muchos museos y galerías de arte. Maravillosa cocina y arquitectura.	
JAPÓN		Dificultad para comunicarse. Desde Europa y América el billete es muy caro.
EGIPTO		En verano hace demasiado calor.
ESPAÑA		En temporada alta hay demasiados turistas.
MÉXICO	Ciudades coloniales, pirámides y buen clima todo el año.	
TU PAÍS		

El mejor país para viajar es... porque...

¿DÓNDE PASAR TUS VACACIONES?

B Puedes elegir dónde quieres viajar
20 minutos

Decide con tu compañero dónde pasar unas vacaciones.
Para ello, completa primero la tabla y luego decide con él a qué país queréis viajar.

¿Qué atractivos tiene viajar a Suiza? → **Se puede esquiar, ...**

PAÍS	ATRACTIVOS	INCONVENIENTES
SUIZA		Es un país muy caro.
GRECIA	Ciudades y monumentos históricos. Playas ideales para tomar el sol.	
AUSTRALIA	Fauna exótica. Turismo de aventura. Ciudades muy limpias y seguras.	
EE. UU.		Se requiere visado. Puede ser muy caro para el turista.
BRASIL	El carnaval de Río, las playas, la samba, gente muy amigable.	
ITALIA		En temporada alta hay demasiados turistas.
JAPÓN	Ciudades ultramodernas. Tecnología de punta, electrónicos a muy buen precio.	
EGIPTO	Las famosas pirámides, buenos precios, sol y calor garantizados todo el año.	
ESPAÑA	Turismo de sol y playa. Actividades culturales, gente muy amable.	
MÉXICO		La comida puede ser muy picante.
TU PAÍS		

El mejor país para viajar es... porque...

EN LA RECEPCIÓN DE UN HOTEL

A
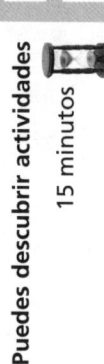

Puedes manejarte en un hotel

15 minutos

Estás de viaje y buscas un hotel para el fin de semana. Habla con tu compañero, el recepcionista, y decide si quieres alojarte allí o si prefieres buscar otro hotel.

ESTO ES LO QUE TE INTERESA:

- Habitación sencilla a un precio razonable
- 2 noches
- Cercanía al centro histórico
- Caja fuerte
- Calefacción
- Conexión a Internet en la habitación
- Pago con tarjeta de crédito
- Depósito de equipajes
- Información turística
- Mapas de la ciudad
- Cafetería / Restaurante

¿Has decidido alojarte? ¿Por qué?

EN LA RECEPCIÓN DE UN HOTEL

B

Puedes descubrir actividades

15 minutos

Trabajas en un hotel y llega un posible cliente, tu compañero. Responde a sus preguntas con esta información y, si decide hospedarse, rellena el formulario con sus datos. ¡Trata de convencerlo para que se quede en tu hotel!

LISTA DE PRECIOS

Habitación sencilla .... 56 €
Habitación doble .... 100 €
Suite .... 135 €

OTROS SERVICIOS

- Depósito de equipajes
- Información turística
- Mapas de la ciudad
- Visita guiada al centro histórico todos los días a las 11:00 (coste no incluido)
- Cafetería / Restaurante (desayuno incluido, de 7:30 a 11:00)
- A 15 minutos de la catedral
- Aceptamos todas las tarjetas de crédito

El cuarto vence a la 13:00

EN LA HABITACIÓN

- Caja fuerte
- Escritorio
- Habitaciones para no fumadores.
- Instalaciones para discapacitados
- Restaurante y cafetería
- Teléfono en la habitación
- Aire acondicionado
- Conexión a Internet

REGISTRO DEL HUÉSPED

NOMBRE:
APELLIDOS:
NACIONALIDAD:
DOCUMENTO DE IDENTIDAD:
FECHA DE ENTRADA: _____ HORA:
FECHA DE SALIDA: _____ HORA:
HABITACIÓN NÚMERO:
FORMA DE PAGO:

LOS MEDIOS DE TRANSPORTE

A Puedes elegir el medio de transporte más adecuado

15 minutos

¿Qué medio de transporte es mejor? Completa esta tabla y luego discute con tu compañero en qué situaciones utilizas cada uno de esos medios.

MEDIO DE TRANSPORTE	VENTAJAS	DESVENTAJAS
A pie		
Caballo		
Bicicleta		
Autobús		
Metro		
Coche		
Taxi		
Tren		
Barco		
Avión		

¿Existe un medio mejor que otro? ¿Por qué?

FICHA 4

16. VIAJES

LOS MEDIOS DE TRANSPORTE

B Puedes elegir el medio de transporte más adecuado

15 minutos

¿Qué medio de transporte es mejor? Completa esta tabla y luego discute con tu compañero en qué situaciones utilizas cada uno de esos medios.

MEDIO DE TRANSPORTE	VENTAJAS	DESVENTAJAS
A pie		
Caballo		
Bicicleta		
Autobús		
Metro		
Coche		
Taxi		
Tren		
Barco		
Avión		

¿Existe un medio mejor que otro? ¿Por qué?

16. VIAJES

UN VIAJE POR ESPAÑA

Puedes decidir un viaje

20 minutos

Tu compañero y tú estáis en España estudiando español, el siguiente fin de semana es puente y decidís salir de viaje. Aquí tienes una oferta de una agencia turística. Descríbesela a tu compañero y luego escucha la que él te va a presentar. Al final, decidid cuál queréis tomar.

Según este plan, el día 1 vamos a salir de Madrid a las 8:00 y...

ESPAÑA IMPERIAL

Hospedaje: **Hotel de 4 estrellas** ● Transportación: **Autocar de lujo climatizado** ● **Desayuno y cena incluidos** ● **Todas las visitas con guía en español** ● **Entradas a los museos y espectáculos incluidos.**

PRECIO: **499 € / persona**

DÍA 1 EL ESCORIAL
8:00 Salida de Madrid (estación Atocha) ● Visita a EL ESCORIAL (monasterio renacentista del siglo XVI) ● 18:00 salida rumbo a ÁVILA ● Alojamiento

DÍA 2 ÁVILA
Visita al casco antiguo y las murallas. ● Tiempo libre. ● Degustación de vinos y tapas típicos. ● 18:00 Salida rumbo a Salamanca. ● Alojamiento

DÍA 3 SALAMANCA
Visita al casco antiguo de Salamanca ● Visita a la famosa Universidad ● Tiempo libre ● Noche bohemia por Salamanca

DÍA 4 SEGOVIA
8:00 Salida rumbo a Segovia ● Visita al Acueducto y al Alcázar de Segovia ● Tiempo libre ● 18:00 Salida rumbo a Madrid ● 20:00 Llegada a Madrid (estación Atocha)

¿Qué ciudades visita el paquete de tu compañero?

Madrid → _____ →_____ →_____ →_____ → Madrid

---

16. VIAJES

UN VIAJE POR ESPAÑA

Puedes decidir un viaje

20 minutos

Tu compañero y tú estáis en España estudiando español, el siguiente fin de semana es puente y decidís salir de viaje. Aquí tienes una oferta de una agencia turística. Descríbesela a tu compañero y luego escucha la que él te va a presentar. Al final, decidid cuál queréis tomar.

Según este plan, el día 1 vamos a salir de Madrid a las 8:00 y...

ESPAÑA CLÁSICA

Hospedaje: **Hotel de 4 estrellas** ● Transportación: **Autocar de lujo climatizado** ● **Desayuno y cena incluidos** ● **Todas las visitas con guía en español** ● **Entradas a los museos y espectáculos incluidos.**

PRECIO: **520 € / persona**

DÍA 1 TOLEDO
8:00 Salida de Madrid (estación Atocha). ● Visita al Casco Antiguo. ● Museo de El Greco. ● Noche bohemia por Toledo (tuna universitaria).

DÍA 2 CÓRDOBA
8:00 Salida rumbo a Córdoba. ● Visita guiada a la Mezquita de Córdoba. ● Tiempo libre. ● 18:00 Salida rumbo a Sevilla. ● Alojamiento.

DÍA 3 SEVILLA
Corrida de toros. ● Visita al casco antiguo. ● Por la tarde, viaje en barco por el Guadalquivir. ● Espectáculo de tablao flamenco.

DÍA 4 GRANADA
8:00 Salida rumbo a Granada. ● Visita guiada por la Alhambra. ● Tiempo libre ● 18:00 Salida rumbo a Madrid. ● 24:00 Llegada a Madrid Atocha.

¿Qué ciudades visita el paquete de tu compañero?

Madrid → _____ →_____ →_____ →_____ → Madrid

HERMANOS GEMELOS, PERO NO IGUALES

B

Puedes descubrir las actividades de otros

20 minutos

Edgar y Javier son dos hermanos gemelos que hacen cosas parecidas, pero algo diferentes. Con tu compañero descubre las diferencias. ¿Qué ha hecho hoy Javier?

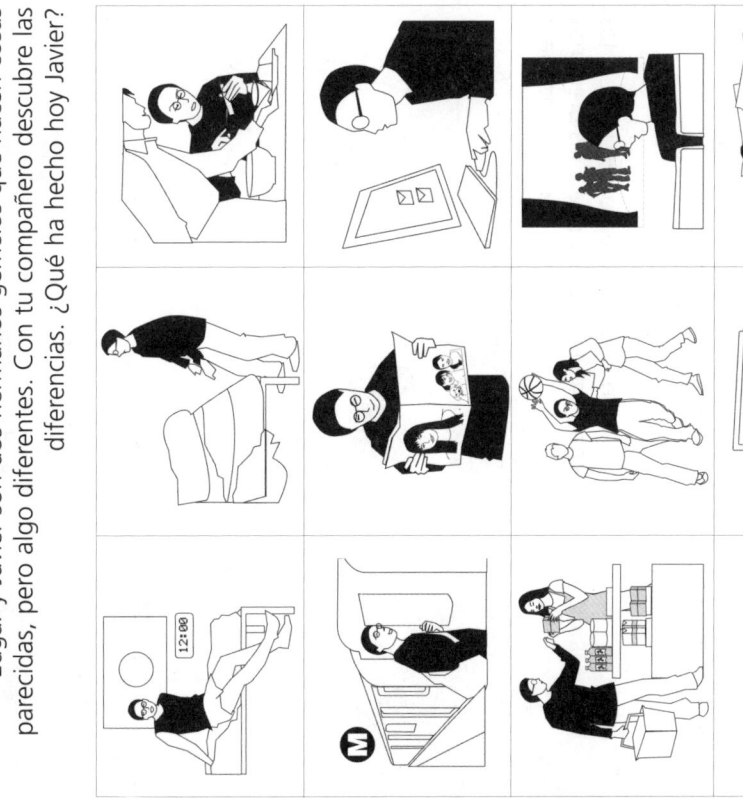

HERMANOS GEMELOS, PERO NO IGUALES

A

Puedes descubrir las actividades de otros

20 minutos

Edgar y Javier son dos hermanos gemelos que hacen cosas parecidas, pero algo diferentes. Con tu compañero descubre las diferencias. ¿Qué ha hecho hoy Edgar?

CAMBIO DE PLANES

B

**Puedes descubrir lo que se ha hecho según los planes
y lo que no**

15 minutos

Las cosas no siempre salen como planeamos.
Mira lo que ha hecho Santiago y responde a las preguntas
de tu compañero.

¿Se ha levantado a las 8:00? → *No, se ha levantado a las 8:30.*

CAMBIO DE PLANES

A

**Puedes descubrir lo que se ha hecho según los planes
y lo que no**

15 minutos

Las cosas no siempre salen como planeamos.
Mira la agenda de Santiago y pregunta a tu compañero si ha
hecho las que tiene en la agenda.

¿Se ha levantado a las 8:00? → *No, se ha levantado a las 8:30.*

Septiembre	8 martes
08:00	Levantarse
09:00	Al aeropuerto. metro: línea 8
10:00	Vuelo a Madrid
11:00	
12:00	Reunión con Preexpa
13:00	
14:00	Comida con María
15:00	
16:00	
17:00	Comprar regalos
18:00	
19:00	Cine: Los abrazos rotos de Almodóvar
20:00	
21:00	Fiesta en casa de Fernando
22:00	Hotel Bellavista

B

YA / TODAVÍA NO

Puedes explicar lo que has hecho

⏳ 15 minutos

Pregunta a tu compañero si ya ha hecho las siguientes actividades y marca ✓ si ya lo ha hecho o ✗ si todavía no.

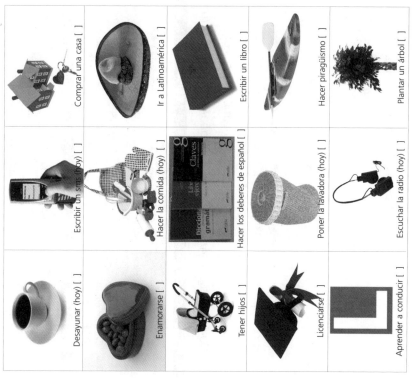

Comprar una casa [ ]	Escribir un sms (hoy) [ ]	Desayunar (hoy) [ ]
Ir a Latinoamérica [ ]	Hacer la comida (hoy) [ ]	Enamorarse [ ]
Escribir un libro [ ]	Hacer los deberes de español [ ]	Tener hijos [ ]
Hacer piragüismo [ ]	Poner la lavadora (hoy) [ ]	Licenciarse [ ]
Plantar un árbol [ ]	Escuchar la radio (hoy) [ ]	Aprender a conducir [ ]

Comenta, ¿qué cosas has hecho tú también?, ¿cuáles no?

A

YA / TODAVÍA NO

Puedes explicar lo que has hecho

⏳ 15 minutos

Pregunta a tu compañero si ya ha hecho las siguientes actividades y marca ✓ si ya lo ha hecho o ✗ si todavía no.

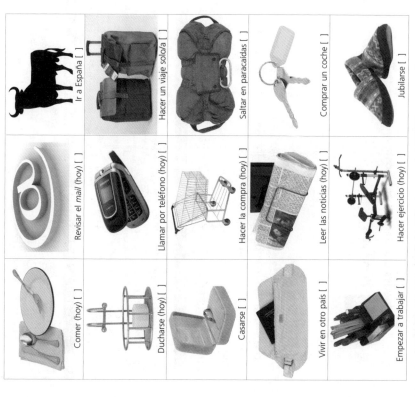

Ir a España [ ]	Revisar el mail (hoy) [ ]	Comer (hoy) [ ]
Hacer un viaje solo/a [ ]	Llamar por teléfono (hoy) [ ]	Ducharse (hoy) [ ]
Saltar en paracaídas [ ]	Hacer la compra (hoy) [ ]	Casarse [ ]
Comprar un coche [ ]	Leer las noticias (hoy) [ ]	Vivir en otro país [ ]
Jubilarse [ ]	Hacer ejercicio (hoy) [ ]	Empezar a trabajar [ ]

Comenta, ¿qué cosas has hecho tú también?, ¿cuáles no?

¿QUÉ TAL ANDAS EN CULTURA?

B

Puedes dar datos históricos

20 minutos

Esto es un concurso de cultura general. Haz las preguntas a tu compañero conjugando el verbo en pretérito indefinido. Si tu compañero acierta la respuesta, gana los puntos que se indican. Responde tú también a sus preguntas.

¿Quién descubrió América? → *Cristóbal Colón (100 puntos)*

SIGLO XX

100 puntos	¿Cuándo (empezar) y (terminar) la 1ª Guerra Mundial? *(1914-1918)*.
200 puntos	¿Qué (hacer) Lee Harvey Oswald? *(Mató a John F. Kennedy en 1963)*.
300 puntos	¿Cuánto tiempo (separar) el muro de Berlín las dos Alemanias? *(28 años, de 1961 a 1989)*.

MÚSICA

100 puntos	¿Quién (componer) la serie de conciertos *Las 4 estaciones?* *(Antonio Vivaldi)*.
200 puntos	¿En qué país (nacer) el famoso compositor Federico Chopin? *(Polonia)*.
300 puntos	¿Cuándo y dónde (morir) John Lennon? *(Nueva York, el 8.12.1980)*.

CIENCIA

100 puntos	¿Quién (afirmar) que la Tierra gira alrededor del Sol? *(Nicolás Copérnico)*.
200 puntos	¿Quién (descubrir) la penicilina, el primer antibiótico? *(Alexander Fleming, en 1928)*.
300 puntos	¿En qué año (obtener) A. Einstein el Nobel de Física por su teoría de la relatividad? *(Nunca)*.

LITERATURA

100 puntos	¿Qué escritor danés (escribir) muchos cuentos para niños, como el *Patito feo*, entre otros? *(Hans Christian Andersen)*.
200 puntos	¿Qué libro (escribir) el colombiano Gabriel García Márquez? *(Cien años de soledad)*.
300 puntos	¿Quién (escribir) la famosa crónica *Historia verdadera de la conquista de la Nueva España?* *(Bernal Díaz del Castillo)*.

HISTORIA

100 puntos	¿Cuándo (terminar) la Edad Media? *(En 1453, los turcos conquistaron Constantinopla)*.
200 puntos	¿Quién y en qué año (inventar) la primera imprenta en Europa? *(Johannes Gutenberg, en 1450)*.
300 puntos	¿Quién (conquistar) el imperio azteca y en qué año? *(Hernán Cortés, en 1521)*.

DEPORTES

100 puntos	¿De qué otra manera se conoce al futbolista Edison Arantes do Nascimento? *(Pelé)*.
200 puntos	¿Qué futbolista mexicano, entre 1985 y 1990, (ganar) 5 veces el título de máximo goleador en España? *(Hugo Sánchez)*.
300 puntos	¿Cuándo y dónde (celebrarse) los primeros Juegos Olímpicos de Invierno? *(Chamonix, Francia, 1924)*.

¿Quién tiene más puntos, tú o tu compañero?

¿QUÉ TAL ANDAS EN CULTURA?

A

Puedes dar datos históricos

20 minutos

Esto es un concurso de cultura general. Haz las preguntas a tu compañero conjugando el verbo en pretérito indefinido. Si tu compañero acierta la respuesta, gana los puntos que se indican. Responde tú también a sus preguntas.

¿Quién descubrió América? → *Cristóbal Colón (100 puntos)*

SIGLO XX

100 puntos	¿Cuándo (empezar) y (terminar) la 2ª Guerra Mundial? *(1939-1945)*.
200 puntos	¿Quién (pisar) por primera vez la Luna y en qué año? *(Neil Armstrong, 1969)*.
300 puntos	¿Dónde y cuándo (morir) el revolucionario argentino Ernesto Che Guevara? *(En Bolivia, en 1967)*.

MÚSICA

100 puntos	¿Qué famoso compositor de música clásica (nacer) en Salzburgo en 1756? *(Wolfgang Amadeus Mozart)*.
200 puntos	¿En qué país (nacer) el famoso guitarrista Carlos Santana? *(En Jalisco, México)*.
300 puntos	¿Cuál (ser) el primer disco sencillo de Madonna? *(Everybody=Todos, en 1982)*.

CIENCIA

100 puntos	¿Quién (describir) la ley de gravitación universal? *(Sir Isaac Newton)*.
200 puntos	¿Quién (descubrir) dos elementos radiactivos, el radio y el polonio? *(Pierre y Marie Curie)*.
300 puntos	¿Cuál (ser) el primer mamífero clonado en el mundo? *(La oveja Dolly, en Escocia, 1996)*.

LITERATURA

100 puntos	¿Qué escritor francés (escribir) muchas novelas de aventuras, y es considerado padre de la ciencia-ficción? *(Julio Verne)*.
200 puntos	¿En qué año (escribir) Cervantes su famosa obra *Don Quijote?* *(La primera parte en 1605)*.
300 puntos	¿Qué civilización o pueblo (escribir) el libro *Popol Vuh?* *(Los mayas)*.

HISTORIA

100 puntos	¿Cuándo (comenzar) la Edad Media? *(En el año 476, el Imperio romano fue conquistado)*.
200 puntos	¿Dónde y cuándo (morir) Napoleón? *(1821, isla Santa Helena, Reino U.)*.
300 puntos	¿Quién (conquistar) el imperio inca y en qué año? *(Francisco Pizarro, 1533)*.

DEPORTES

100 puntos	¿Cuándo y dónde (celebrarse) las primeras olimpiadas de la era moderna? *(Atenas, Grecia, 1896)*.
200 puntos	¿Qué famosa tenista española (convertirse) en número 1 del mundo en 1995? *(Arantxa Sánchez Vicario)*.
300 puntos	¿Cuándo y dónde (celebrarse) la 1ª Copa Mundial de Fútbol? *(Uruguay, en 1930)*.

¿Quién tiene más puntos, tú o tu compañero?

BIOGRAFÍAS

B

Puedes narrar la vida de una persona

20 minutos

Completa los textos con la forma correcta del indefinido.
Lee después a tu compañero las biografías de los siguientes personajes hispanos. Él tiene que adivinar de quién se trata.
Luego, escucha tú sus biografías y adivina el personaje.

(Ser) un pintor español. (Nacer) en Fuendetodos, Zaragoza, en 1746. Su obra (iniciar) la pintura contemporánea. (Viajar) a Italia en 1770. Entre sus obras más conocidas están *La maja desnuda* y *Las pinturas negras*. La guerra de independencia española lo (influenciar) mucho. En *Los fusilamientos del 3 de mayo* (denunciar) los excesos y atrocidades de cualquier guerra. (Morir) en Francia en 1828.

R = *FRANCISCO DE GOYA*

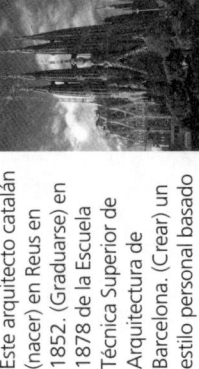

(Nacer) en Rosario, Argentina, en 1928. (Estudiar) Medicina. (Ser) político, guerrillero, escritor y un incansable viajero. En 1952 (decidir) recorrer América Latina en motocicleta.

En México (conocer) a quien (viajar) en 1956 a Cuba para iniciar la revolución cubana. Es un símbolo de las luchas sociales de todo el mundo. (Morir) asesinado en 1967.

R = *ERNESTO 'CHE' GUEVARA*

Este escritor peruano (nacer) en Arequipa en 1936. (Pasar) los primeros años de su niñez en Cochabamba, Bolivia. Es uno de los más grandes novelistas de Latinoamérica.

(Saltar) a la fama en 1963 con su novela *La ciudad y los perros*. En 1985 (obtener) la Legión de Honor francesa y en 1994 el premio Cervantes. Está casado con su prima, con quien (tener) tres hijos.

R = *MARIO VARGAS LLOSA*

Este actor (nacer) en 1978 en Guadalajara, México. A los 11 años (participar) en la telenovela *Teresa* al lado de Salma Hayek. (Estudiar) actuación en Londres. En el 2000 (filmar) su primera película: *Amores Perros*, que (ser) nominada al Óscar. Otras de sus películas son: *Amaro, Diarios de motocicletas, La mala educación* y *Babel*. La primera como director (ser) *Déficit*.

R = *GAEL GARCÍA BERNAL*

BIOGRAFÍAS

A

Puedes narrar la vida de una persona

20 minutos

Completa los textos con la forma correcta del indefinido.
Lee después a tu compañero las biografías de los siguientes personajes hispanos. Él tiene que adivinar de quién se trata.
Luego, escucha tú sus biografías y adivina el personaje.

(Ser) un político y militar venezolano. (Nacer) en Caracas en 1783. (Ingresar) en la Academia de Matemáticas y, posteriormente, (unirse) al ejército. Como militar (encabezar) las luchas de independencia de las colonias españolas en América entre 1810 y 1821. (Liberar) los actuales Bolivia, Colombia, Ecuador, Panamá y Venezuela. Se le conoce como el Libertador de América.

R = *SIMÓN BOLÍVAR*

Este arquitecto catalán (nacer) en Reus en 1852. (Graduarse) en 1878 de la Escuela Técnica Superior de Arquitectura de Barcelona. (Crear) un estilo personal basado en las figuras geométricas. Sus obras más famosas pueden ser admiradas en Barcelona: El templo de la Sagrada Familia, el parque Güell, la casa Batlló, la casa Milá, etc. Es considerado el gran maestro del modernismo catalán. (Morir) en 1926.

R = *ANTONIO GAUDÍ*

(Nacer) en Lanús, Buenos Aires, en 1960. (Debutar) en la Primera División en 1976. En Europa (jugar) en varios equipos. En la Selección Argentina (derrotar) a Inglaterra en el Mundial de México de 1986. (Retirarse) como jugador en 1997 y en 2008 (ser) nombrado director técnico de la Selección Argentina. Es considerado uno de los mejores futbolistas de todos los tiempos.

R = *DIEGO ARMANDO MARADONA*

Esta pintora (nacer) en la Ciudad de México en 1907. (Tener) muchas enfermedades. En 1925 (tener) un accidente que le (destrozar) la columna y le (impedir) tener hijos. En 1929 (casarse) con el pintor Diego Rivera. (Exponer) en Nueva York y en París en 1939, donde (conocer) a Picasso. (Realizar) una serie importante de autorretratos, los (pintar) en su cama. (Morir) en 1954.

R = *FRIDA KAHLO*

UNA POSTAL DESDE...

A

Puedes escribir una postal de tus vacaciones

20 minutos

Estás haciendo un viaje por algún país de América Latina. Escribes una postal a tu compañero. Indica qué has visitado y qué has hecho. Acuérdate de incluir el saludo y la despedida.

Ahora lee la postal de tu compañero y contéstale.

UNA POSTAL DESDE...

B

Puedes escribir una postal de tus vacaciones

20 minutos

Estás haciendo un viaje por algún país de América Latina. Escribes una postal a tu compañero. Indica qué has visitado y qué has hecho. Acuérdate de incluir el saludo y la despedida.

Ahora lee la postal de tu compañero y contéstale.

¿CÓMO ERA Y CÓMO ES?

A

Puedes explicar los cambios de una persona

⏳ 15 minutos

Te presentamos a Ricardo hace años. Tu compañero sabe cómo es Ricardo ahora. Explícale cómo era y tu compañero te explicará cómo es. Encontrad juntos siete cambios en su vida.

Antes a Ricardo le gustaba mucho el rock. ⟶ *Ahora le gusta el* jazz.

Y tu compañero, ¿qué cambios ha habido en su vida? ¿Cómo era antes y cómo es ahora?

¿CÓMO ERA Y CÓMO ES?

B

Puedes explicar los cambios de una persona

15 minutos ⏳

Te presentamos a Ricardo ahora. Tu compañero sabe cómo era Ricardo hace años. Explícale cómo es y tu compañero te explicará cómo era. Encontrad juntos siete cambios en su vida.

Antes a Ricardo le gustaba mucho el rock. ⟶ **Ahora le gusta el** jazz.

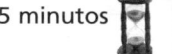
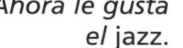

Y tu compañero, ¿qué cambios ha habido en su vida? ¿Cómo era antes y cómo es ahora?

LAS CIUDADES TAMBIÉN CAMBIAN

A

Puedes describir los cambios en una ciudad

⏳ 20 minutos

Observa estas dos imágenes de la misma ciudad, antes y ahora. Escribe todos los cambios que observas. Después, compara tu lista con la de tu compañero. ¿Quién ha anotado más cambios?

1–

2–

3–

4–

5–

6–

7–

8–

9–

10–

¿Qué cambios ha habido en los últimos años en tu ciudad, en tu barrio o en tu pueblo? Explícaselos a tu compañero. ¿Son los mismos cambios que en la ciudad, barrio o pueblo de tu compañero?

LAS CIUDADES TAMBIÉN CAMBIAN

B

Puedes describir los cambios en una ciudad

⏳ 20 minutos

Observa estas dos imágenes de la misma ciudad, antes y ahora. Escribe todos los cambios que observas. Después, compara tu lista con la de tu compañero. ¿Quién ha anotado más cambios?

1–

2–

3–

4–

5–

6–

7–

8–

9–

10–

¿Qué cambios ha habido en los últimos años en tu ciudad, en tu barrio o en tu pueblo? Explícaselos a tu compañero. ¿Son los mismos cambios que en la ciudad, barrio o pueblo de tu compañero?

TODO CAMBIA

A

Puedes hablar de los cambios tecnológicos

⏳ 20 minutos

¿Recuerdas cómo eran los aparatos antiguos?
Todo ha cambiado. Observa estos aparatos, habla con tu compañero
y elabora con él una lista de los cambios.

La computadora	
El coche	
La máquina de escribir	
La radio	
El equipo de música	
El televisor	
El teléfono	

TODO CAMBIA

Puedes hablar de los cambios tecnológicos

20 minutos ⏳

B

¿Recuerdas cómo eran los aparatos antiguos?
Todo ha cambiado. Observa estos aparatos, habla con tu compañero
y elabora con él una lista de los cambios.

La computadora	
El coche	
La máquina de escribir	
La radio	
El equipo de música	
El televisor	
El teléfono	

SOLO 5 PREGUNTAS PERSONALES

A

Puedes conocer las costumbres pasadas de tu compañero

20 minutos

Prepara cinco preguntas originales y curiosas para tu compañero. Hazle las preguntas y anota sus respuestas. (Puedes guiarte por las imágenes).

Cuando ibas a la escuela, ¿copiabas en los exámenes? ⟶ *Bueno, solo a veces, cuando el examen era muy difícil.*

Preguntas	Respuestas
1.	
2.	
3.	
4.	
5.	

FICHA 10

17. PASADO

SOLO 5 PREGUNTAS PERSONALES

B

Puedes conocer las costumbres pasadas de tu compañero

20 minutos

Prepara cinco preguntas originales y curiosas para tu compañero. Hazle las preguntas y anota sus respuestas. (Puedes guiarte por las imágenes).

Cuando ibas a la escuela, ¿copiabas en los exámenes? ⟶ *Bueno, solo a veces, cuando el examen era muy difícil.*

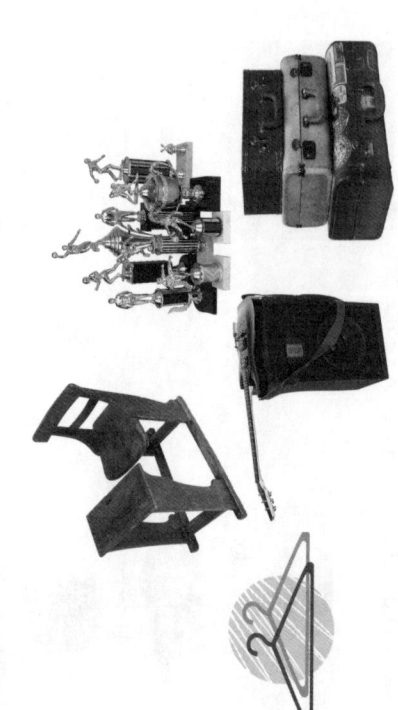

Preguntas	Respuestas
1.	
2.	
3.	
4.	
5.	

CONCURSO DE CONJUGACIONES REGULARES

A **Puedes conjugar los verbos regulares**

5 minutos

Intenta rellenar la tabla antes que tu compañero.

PRESENTE	PERFECTO	INDEFINIDO	IMPERFECTO
Hablo			
		Vivimos	
	Habéis trabajado		
			Recibías
Se levantan			
		Corté	
	Han bebido		
		Subiste	
			Compraban
			Se bañaba

FICHA 11

17. PASADO

CONCURSO DE CONJUGACIONES REGULARES

B **Puedes conjugar los verbos regulares**

5 minutos

Intenta rellenar la tabla antes que tu compañero.

PRESENTE	PERFECTO	INDEFINIDO	IMPERFECTO
Hablo			
		Vivimos	
	Habéis trabajado		
			Recibías
Se levantan			
		Corté	
	Han bebido		
		Subiste	
			Compraban
			Se bañaba

CONCURSO DE CONJUGACIONES IRREGULARES

B

Puedes conjugar los verbos irregulares

5 minutos

Intenta rellenar la tabla antes que tu compañero.

PRESENTE	PERFECTO	INDEFINIDO	IMPERFECTO
	He sido		Daban
		Estuvo	
Vas			
	Ha venido		
		Durmieron	Hacía
Quieren			
	Ha tenido		Podíamos

FICHA 12

17. PASADO

CONCURSO DE CONJUGACIONES IRREGULARES

A

Puedes conjugar los verbos irregulares

5 minutos

Intenta rellenar la tabla antes que tu compañero.

PRESENTE	PERFECTO	INDEFINIDO	IMPERFECTO
	He sido		Daban
		Estuvo	
Vas			
	Ha venido		
		Durmieron	Hacía
Quieren			
	Ha tenido		Podíamos

EL PORQUÉ DE LAS COSAS

B

Puedes expresar las causas y los efectos

15 minutos

Pregunta a tu compañero por las causas que no conoces. Para ello, conjuga el verbo en la forma correcta. Luego, responde a sus preguntas.

¿Por qué no vino Antonio a clase ayer? ⟶ *Porque estaba muy enfermo.*

EFECTO	CAUSA
A José no le (preocupar) la noticia.	Ya la (saber) antes.
A mí me (encantar) el concierto.	
Ana María (repetir) el curso.	No se (saber) la asignatura bien.
Ayer nos (poner) una multa.	
El otro día Marifer (ponerse) a llorar.	
Ellos (tener) que volver en taxi.	No (tener) coche.
Juana (dejar) su piso.	(Ser) muy ruidoso y caro.
Le (llevar) un regalo muy grande sus amigos.	
Mi perro (familiarizarse) enseguida con la casa.	
Miguel no (ir) al teatro.	
Mis abuelos (asustarse) mucho.	(Pensar) que estaba muy enfermo.
No (poder, yo) dormir en toda la noche.	(Tener) un examen muy difícil.
No (poder, yo) hablar con Carolina.	
No (venir) nadie a mi fiesta.	(Llover) mucho.
Sebastián (dejar) el trabajo.	
Sus amigos no la (reconocer).	(Estar) muy cambiada.
Tú no (llegar) a tiempo a la cita.	(Haber) mucho tráfico.
Vosotros no (poder) ver la película.	

EL PORQUÉ DE LAS COSAS

A

Puedes expresar las causas y los efectos

15 minutos

Pregunta a tu compañero por las causas que no conoces. Para ello, conjuga el verbo en la forma correcta. Luego, responde a sus preguntas.

¿Por qué no vino Antonio a clase ayer? ⟶ *Porque estaba muy enfermo.*

EFECTO	CAUSA
Juana (dejar) su piso	
Ana María (repetir) el curso.	No (quedar) entradas.
Vosotros no (poder) ver la película.	
Tú no (llegar) a tiempo a la cita.	Su marido (estar) fuera.
El otro día Marifer (ponerse) a llorar.	(Tener) el coche mal aparcado.
Ayer nos (poner) una multa.	
No (poder) dormir en toda la noche.	No (gustar) los actores.
Miguel no (ir) al teatro.	Los músicos (tocar) muy bien.
Sus amigos no la (reconocer).	
A mí me (encantar) el concierto.	No (tener) su número de móvil.
Ellos (tener) que volver en taxi.	
No (poder) hablar con Carolina.	Ya la (conocer) de antes.
A José no le (preocupar) la noticia.	
Mi perro (familiarizarse) enseguida con la casa.	(Llevarse) mal con su jefe.
Mis abuelos (asustarse) mucho.	
Sebastián (dejar) el trabajo.	
No (venir) nadie a mi fiesta.	(Cumplir) 18 años.
Le (llevar) un regalo muy grande sus amigos.	

HISTORIAS QUE PASAN

A

Puedes contar una historia
20 minutos

Pon en el orden que quieras estas señales e inventa cuatro pequeñas historias en pasado a partir de ellas. Después, cuéntaselas a tu compañero. Luego, escucha sus historias y marca el orden en que ha puesto las señales.

Había una vez un hombre que iba en bicicleta...

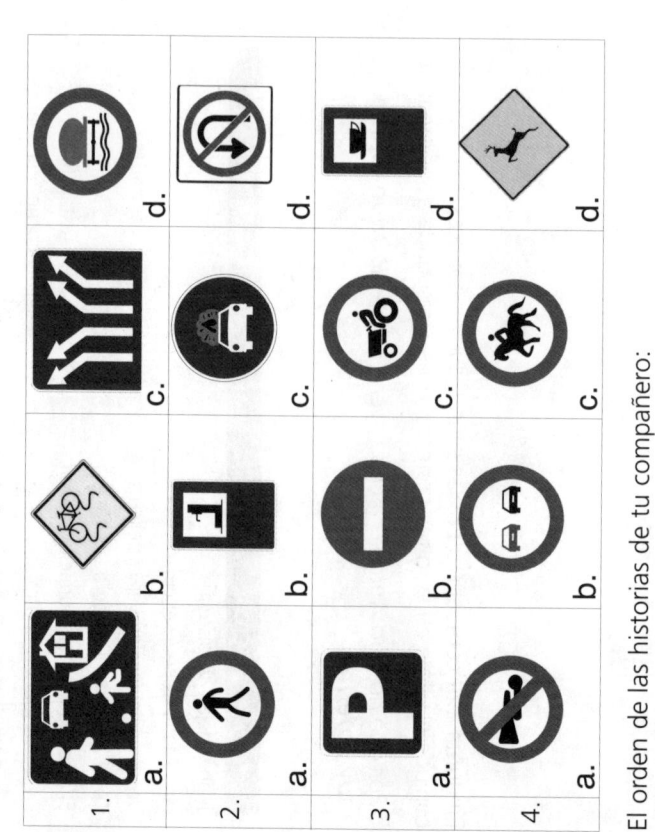

El orden de las historias de tu compañero:
Historia 1: _ _ _ _
Historia 2: _ _ _ _
Historia 3: _ _ _ _
Historia 4: _ _ _ _

HISTORIAS QUE PASAN

B

Puedes contar una historia
20 minutos

Pon en el orden que quieras estas señales e inventa cuatro pequeñas historias en pasado a partir de ellas. Después, cuéntaselas a tu compañero. Luego, escucha sus historias y marca el orden en que ha puesto las señales.

Había una vez un hombre que iba en bicicleta...

El orden de las historias de tu compañero:
Historia 1: _ _ _ _
Historia 2: _ _ _ _
Historia 3: _ _ _ _
Historia 4: _ _ _ _

B

LOS PIRATAS DEL CARIBE

Puedes indicar un itinerario

⏳ 20 minutos

Descubre el tesoro del pirata de tu compañero. Para ello sigue las instrucciones que él te da y dibuja la ruta en el mapa. Luego, coloca el tesoro en algún lugar de la isla y dile a tu compañero cómo llegar a él.

Avanza 2 metros hacia el frente y gira a la derecha...

Cada cuadro representa 1 metro.

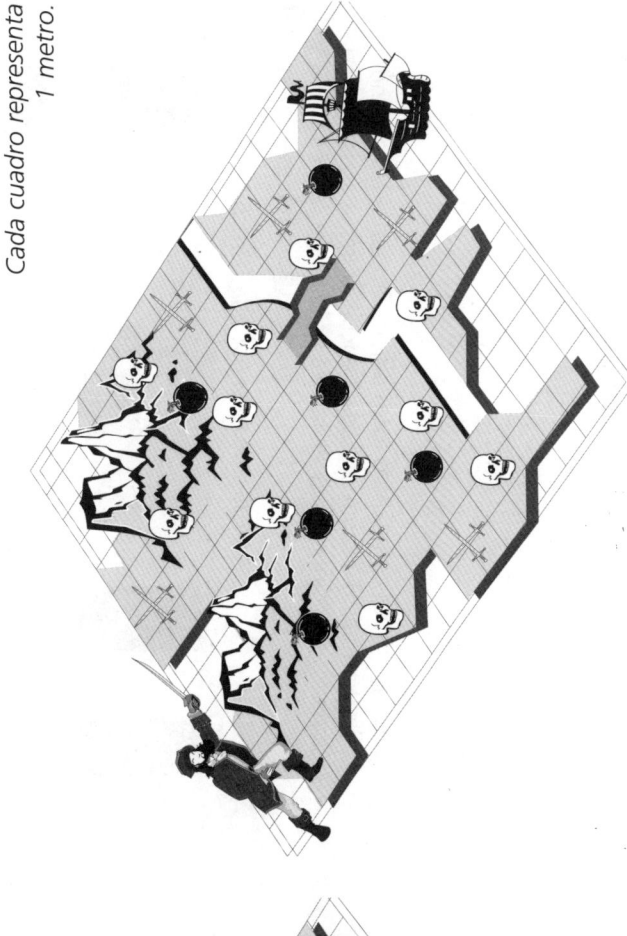

A

LOS PIRATAS DEL CARIBE

Puedes indicar un itinerario

⏳ 20 minutos

Coloca el tesoro del pirata en algún lugar de la isla y dile a tu compañero cómo llegar a él. Luego, descubre el tesoro de tu compañero. Para ello sigue las instrucciones que él te da y dibuja la ruta en el mapa.

Avanza 2 metros hacia el frente y gira a la derecha...

Cada cuadro representa 1 metro.

B

EL LABERINTO MISTERIOSO

Puedes indicar y descubrir un camino

20 minutos

Recoge con tu compañero los 6 objetos importantes evitando caer en las trampas. Tú sabes dónde se encuentran el candado 🔒 la lupa 🔍 y el dinero 💰, y él, la vela 🕯️, la llave 🔑 y el gato 🐱 (cada cuadro representa 1metro).

Avanza 2 metros hacia la derecha y luego gira...

SALIDA

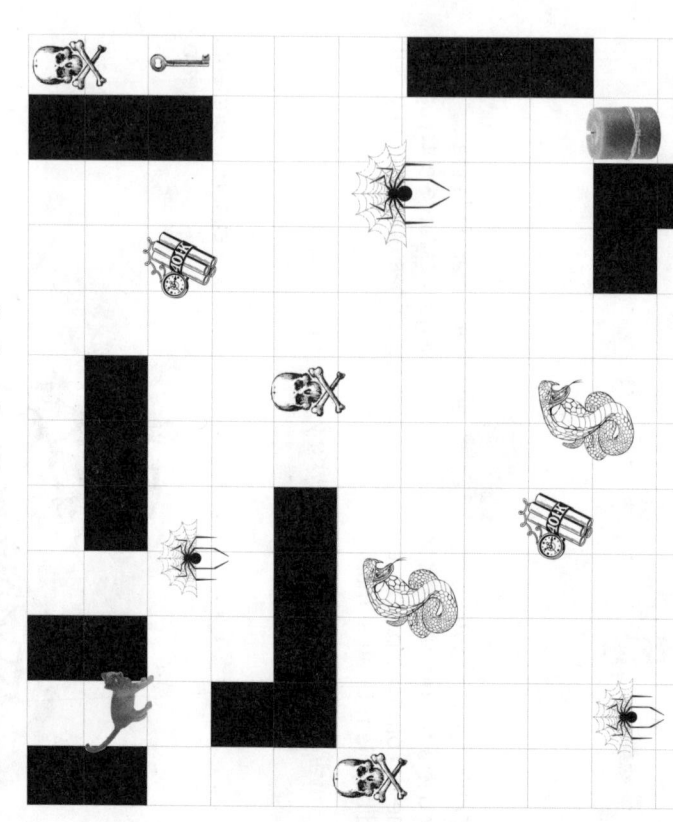

120

A

EL LABERINTO MISTERIOSO

Puedes indicar y descubrir un camino

20 minutos

Recoge con tu compañero los 6 objetos importantes evitando caer en las trampas. Él sabe dónde se encuentran el candado 🔒 la lupa 🔍 y el dinero 💰, y tú, la vela 🕯️, la llave 🔑 y el gato 🐱 (cada cuadro representa 1metro).

Avanza 2 metros hacia la derecha y luego gira...

SALIDA

INSTRUCCIONES DE USO

A

Puedes dar instrucciones

⏳ 15 minutos

Escribe tus recomendaciones para cada tema.
Escríbelas en imperativo *tú*. Luego, compáralas con
las de tu compañero y elegid las cinco mejores.

Un amigo → *Recuerda siempre su cumpleaños y felicítalo.*

TEMA	INSTRUCCIONES DE USO
Un amigo	1 _____ 2 _____ 3 _____ 4 _____
Un libro	1 _____ 2 _____ 3 _____ 4 _____
Un corazón	1 _____ 2 _____ 3 _____ 4 _____
Un perro	1 _____ 2 _____ 3 _____ 4 _____

INSTRUCCIONES DE USO

B

Puedes dar instrucciones

15 minutos ⏳

Escribe tus recomendaciones para cada tema.
Escríbelas en imperativo *tú*. Luego, compáralas con
las de tu compañero y elegid las cinco mejores.

Un amigo → *Recuerda siempre su cumpleaños y felicítalo.*

TEMA	INSTRUCCIONES DE USO
Un amigo	1 _____ 2 _____ 3 _____ 4 _____ 5 _____
Un libro	1 _____ 2 _____ 3 _____ 4 _____ 5 _____
Un corazón	1 _____ 2 _____ 3 _____ 4 _____ 5 _____
Un perro	1 _____ 2 _____ 3 _____ 4 _____ 5 _____

INSTRUCCIONES PARA...

B

Puedes dar y entender instrucciones

15 minutos

Escucha a tu compañero y adivina de qué habla. Luego, escribe las instrucciones para hacer estas cosas. Por último, léeselas a tu compañero, tiene que adivinar de qué se trata.

Estudia mucho, haz los ejercicios, repasa la gramática... → Estudiar español.

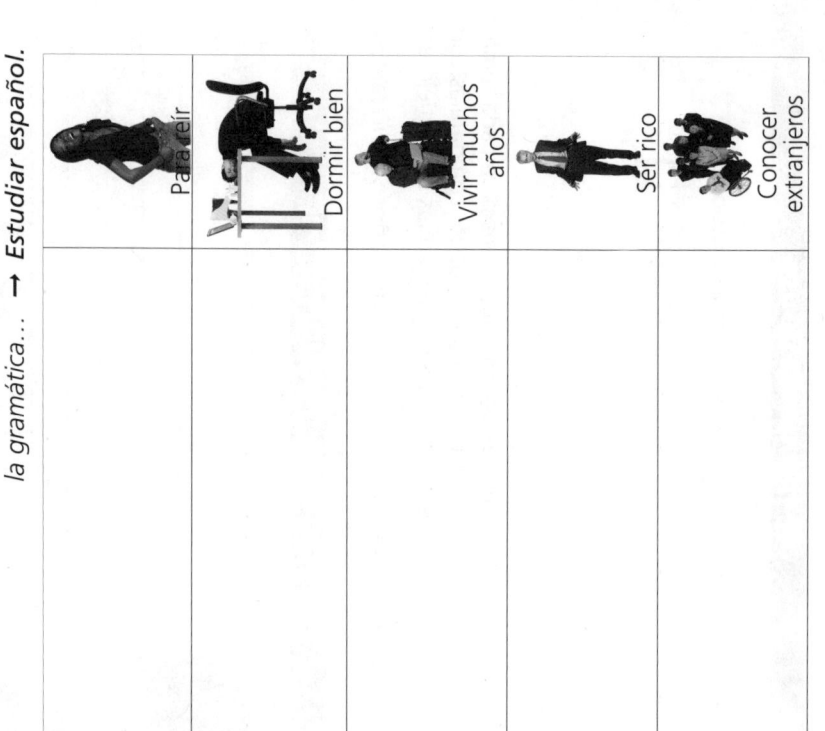

Para reír	
Dormir bien	
Vivir muchos años	
Ser rico	
Conocer extranjeros	

INSTRUCCIONES PARA...

A

Puedes dar y entender instrucciones

15 minutos

Escribe las instrucciones para hacer estas cosas. Luego, léeselas a tu compañero, tiene que adivinar de qué se trata. Por último, escucha a tu compañero y adivina de qué habla.

Estudia mucho, haz los ejercicios, repasa la gramática... → Estudiar español.

Para engordar	
Para aprender a bailar	
Para aprender un idioma	
Para ligar	
Para sentirse bien	

LOS DIEZ MANDAMIENTOS

A

Puedes dar órdenes y consejos

15 minutos

Con tu compañero escribe los 10 mandamientos de cada una de las siguientes personas.

Un vegetariano → *1. Come solo verdura...*

UN DEPORTISTA	UN JEFE
1	1
2	2
3	3
4	4
5	5
6	6
7	7
8	8
9	9
10	10

UN PROFESOR	UN ALUMNO
1	1
2	2
3	3
4	4
5	5
6	6
7	7
8	8
9	9
10	10

LOS DIEZ MANDAMIENTOS

B

Puedes dar órdenes y consejos

15 minutos

Con tu compañero escribe los 10 mandamientos de cada una de las siguientes personas.

Un vegetariano → *1. Come solo verdura...*

UN DEPORTISTA	UN JEFE
1	1
2	2
3	3
4	4
5	5
6	6
7	7
8	8
9	9
10	10

UN PROFESOR	UN ALUMNO
1	1
2	2
3	3
4	4
5	5
6	6
7	7
8	8
9	9
10	10

LAS SEÑALES DE TRÁFICO

B

Puedes explicar una señal de tráfico

15 minutos

1. Escucha a tu compañero y dibuja la señal de tráfico según la instrucción que te dice.

2. Indica ahora a tu compañero qué expresa cada señal, él tiene que dibujarlas.

LAS SEÑALES DE TRÁFICO

A

Puedes explicar una señal de tráfico

15 minutos

1. Indica a tu compañero qué expresa cada señal, él tiene que dibujarlas.

2. Escucha ahora a tu compañero y dibuja la señal de tráfico según la instrucción que te dice.

ACTIVIDADES DE CLASE

B

Puedes explicar qué significan las actividades

20 minutos

En muchos libros de español están estos símbolos. ¿Sabes lo que significan? Trata de completarlo individualmente y, después, consúltalo con tu compañero. Posteriormente, con la ayuda de un dado, conjuga los verbos de la siguiente manera: 1-YO, 2-TÚ, 3-ÉL, 4-NOSOTROS, 5-VOSOTROS, 6-ELLOS.

1		2	Leer
3	Trabajar en parejas	4	Traducir*
5		6	
7		8	
9	Escribir	10	Pronunciar
11		12	Escuchar

*Son verbos irregulares

ACTIVIDADES DE CLASE

A

Puedes explicar qué significan las actividades

20 minutos

En muchos libros de español están estos símbolos. ¿Sabes lo que significan? Trata de completarlo individualmente y, después, consúltalo con tu compañero. Posteriormente, con la ayuda de un dado, conjuga los verbos de la siguiente manera: 1-YO, 2-TÚ, 3-ÉL, 4-NOSOTROS, 5-VOSOTROS, 6-ELLOS.

1		2	Preguntar
3	Trabajar individualmente	4	
5	Trabajar con todo el grupo	6	
7	Hablar	8	
9		10	Estudiar
11	Jugar*	12	

*Son verbos irregulares

¿EXISTE EL PROFESOR IDEAL?

A Puedes elegir el perfil de tu profesor ideal

20 minutos

Te presentamos las características de 4 profesores de español.
Completa la tabla con la ayuda de tu compañero y decidid cuál es el
profesor ideal.

	RAFAEL GONZÁLEZ	ANTONIO MORENO	MAURICIO ORDÓÑEZ	MIGUEL GUTIÉRREZ
LE MOLESTAN		Los alumnos poco inteligentes.		Los alumnos vagos.
LE GUSTA	La sinceridad.		El interés y la participación.	
TIENE		Siempre tiene prisa, muy buen humor.		Poca experiencia, sentido del humor.
ES	Muy tímido, serio, inteligente y exigente.		Divertido y comunicativo. Impaciente.	
SUS CLASES		Conversaciones y actividades en Internet.		Muchos textos y conversación.

¿EXISTE EL PROFESOR IDEAL?

B Puedes elegir el perfil de tu profesor ideal

20 minutos

Te presentamos las características de 4 profesores
de español. Completa la tabla con la ayuda de tu compañero y
decidid cuál es el profesor ideal.

	RAFAEL GONZÁLEZ	ANTONIO MORENO	MAURICIO ORDÓÑEZ	MIGUEL GUTIÉRREZ
LE MOLESTAN	Los alumnos intolerantes.		Los alumnos poco participativos.	
LE GUSTA		El esfuerzo y el trabajo.		El silencio en clase.
TIENE	Gran sentido del deber y la responsabilidad. Mucha paciencia.		Siempre tiene mal humor.	
ES		Nervioso, impaciente y exigente.		Muy alegre, un poco caótico. Poco exigente.
SUS CLASES	Teóricas y con muchas explicaciones.		Mucha gramática y ejercicios.	

UN CURSO DE ESPAÑOL

A

Puedes elegir la escuela donde quieres aprender español

⏳ 15 minutos

Observa esta oferta de un curso de español y anota los datos más importantes. Luego, explícale a tu compañero las características más importantes del curso. Después, escucha a tu compañero que te describe otro curso. Por último, elige con tu compañero cuál de los dos cursos os gusta más.

ESCUELA MONTEJO

Ave. Alfonso López Mateos, 10 – Mérida, Yucatán (México)

CURSOS *(Todos los niveles)*

1. Intensivo de verano:
junio, julio y agosto.
De lunes a viernes de 9:00 a 13:00
Duración: 4 semanas (80 horas)
Precio: 300 €

2. Intensivo de fines de semana
Sábados y domingos de 9:00 a 12:00
y de 14:00 a 16:00.
Duración: 4 semanas (80 horas)
Precio: 340 €
(empezamos el primer fin de semana de cada mes)

ALOJAMIENTO
En familias: Habitación sencilla en casa de una familia mexicana bajo régimen de media pensión. 50 €/semana.

OTROS
Mérida y la península maya ofrecen una amplísima variedad de actividades recreativas: museos y ruinas mayas (Chichén-Itzá, Uxmal), playas (Cancún, Tulum), reservas naturales, pueblos antiguos y una excitante vida nocturna.

PROFESORES
Todos nuestros profesores son nativos mexicanos con gran experiencia en la enseñanza del español. En nuestras clases hay muchas explicaciones de gramática y ejercicios.

¿Qué curso habéis elegido? ¿Por qué?

UN CURSO DE ESPAÑOL

B

Puedes elegir la escuela donde quieres aprender español

⏳ 15 minutos

Observa esta oferta de un curso de español y anota los datos más importantes. Luego, explícale a tu compañero las características más importantes del curso. Después, escucha a tu compañero que te describe otro curso. Por último, elige con tu compañero cuál de los dos cursos os gusta más.

ESCUELA AL ANDALUS

DIRECCIÓN
Pablo Picasso, 25 – Sevilla, Andalucía (España)

CURSOS *(Todos los niveles)*
1– Curso intensivo de verano. De 9:00 a 14:00
Duración: Módulos de 2 semanas (50 horas). Precio: 350 €
2– Curso regular de verano. Lun/Mié/Vie de 9:00 a 12:00
Duración: 2 meses (junio y julio) (72 horas). Precio: 450 €

ALOJAMIENTO
Podemos ayudarte a encontrar un hostal u hotel a la medida de tus necesidades.

PROFESORES
Todos nuestros profesores son nativos españoles o hispanoamericanos. Durante las clases, los alumnos tienen que hablar mucho y hacer una exposición al final de cada curso.

OTROS
Sevilla es una de las ciudades más bellas y atractivas de España, un lugar ideal para encontrar lugares, museos, monumentos y gente interesante con la que pasar tu verano al tiempo que aprendes español.
Pregunta por nuestras excursiones de fin de semana a Portugal, Córdoba o Granada. ¡Te sorprenderás!

¿Qué curso habéis elegido? ¿Por qué?

Primera edición: 2009
Impreso en España / *Printed in Spain*

© Edelsa Grupo Didascalia S.A., Madrid 2009
Autor:
   David Vargas

Dirección y coordinación editorial:
   Departamento de Edición de Edelsa
Diseño de cubierta:
   Departamento de Imagen de Edelsa
Diseño de interior y maquetación:
   Adrián y Ureña, S. L.
Ilustraciones:
   Josema Carrasco
Fotografías:
   Photos.com

Imprenta: Rógar
ISBN: 978-84-7711-560-1
Depósito legal: M- 25051-2009